Erzieht uns einfach!

Elisabeth Raffauf

Erzieht uns einfach!

Was Kinder und Jugendliche von
ihren Eltern brauchen

Patmos Verlag

Wichtiger Hinweis:
Die in diesem Buch enthaltenen Informationen und Hinweise wurden nach bestem Wissen der Autorin erstellt und sorgfältig geprüft. Sie ersetzen jedoch nicht den persönlich eingeholten (psycho-) therapeutischen oder medizinischen Rat. Verlag und Autorin können für Irrtümer oder etwaige Schäden, die aus der Anwendung der dargestellten Informationen und Hinweise resultieren, keine Haftung übernehmen. Deren Nutzung bzw. Durchführung erfolgt auf eigene Verantwortung der Leserinnen und Leser.

FSC MIX Papier aus verantwortungsvollen Quellen FSC® C083411 www.fsc.org

Klimaneutral Druckprodukt ClimatePartner.com/14549-2003-1001

Für die Verlagsgruppe Patmos ist Nachhaltigkeit ein wichtiger Maßstab ihres Handelns. Wir achten daher auf den Einsatz umweltschonender Ressourcen und Materialien.

Bibliografische Information der Deutschen Nationalbibliothek
Die Deutsche Nationalbibliothek verzeichnet diese Publikation in der Deutschen Nationalbibliografie; detaillierte bibliografische Daten sind im Internet über http://dnb.d-nb.de abrufbar.

Verlagsgruppe Patmos in der Schwabenverlag AG, Ostfildern
www.patmos.de

Umschlaggestaltung: Finken & Bumiller, Stuttgart
Umschlagabbildung: © Armin Staudt / Photocase
Gestaltung, Satz und Repro: Schwabenverlag AG, Ostfildern
Druck: CPI books GmbH, Leck
Hergestellt in Deutschland
ISBN 978-3-8436-1322-4

Inhalt

Einleitung:

Erziehen tun wir sowieso, dann machen wir es doch einfach gut

Als Eltern muss man sich die Augen reiben oder, besser gesagt, die Ohren. Kinder sagen tatsächlich manchmal Sätze wie: »Mama, wenn du nicht möchtest, dass ich das mache, dann verbiete es mir doch.« Ein Slogan der Fridays-for-Future-Bewegung appelliert noch deutlicher an die Elterngeneration: »Macht es wie eure Kinder, werdet erwachsen.« Es klingt verkehrt herum – ist es auch.

Was ist da passiert? Was hat sich verändert, dass Kinder ihre Eltern auffordern zu erziehen, Standpunkte vorzugeben, ihre Rolle als Erwachsene wahrzunehmen, Verantwortung zu übernehmen?

Und: Wo sind sie, die Eltern? Was macht sie so unsicher? Was lässt uns als Eltern zögern, zu erziehen und Verantwortung zu übernehmen? Diese Fragen sind nicht leicht zu beantworten. Genauer betrachtet gibt es unterschiedliche Gründe, warum Eltern ihre Rolle als Eltern manchmal so schwer annehmen können:

- Eltern haben Hoffnung: Vielleicht hatten sie selbst keine so gute Kindheit. Sie haben Schmerzen gelitten, die sie heute noch spüren. Und so möchten sie einerseits, dass ihre Kinder es einmal besser haben, sie sollen nicht mit so viel Strenge, Kontrolle, Unverständnis aufwachsen wie sie selbst. Sie sollen mehr Möglichkeiten bekommen, sich frei zu entwickeln. Damit verbunden hoffen Eltern – oft unbewusst –, dass die Kinder ihre alten Wunden ein wenig heilen, indem sie manches besser machen.
- Eltern haben Druck: Sie wollen alles richtig machen. Perfekte Eltern sein. Und während sie versuchen, alles richtig zu machen, spüren sie, dass das nicht geht. Dass sie scheitern müssen. Und dann verfallen sie ins Gegenteil: Sie lassen die Kinder gewähren, sie können machen, was sie wollen.
- Eltern haben Angst vor Liebesentzug: Was gegen Erziehen spricht, also dagegen, eine klare Haltung zu vertreten, sich auch

mal unbeliebt zu machen, ist bei manchen Eltern in der Angst begründet, dass die Kinder sich von ihnen abwenden, weil sie so »schreckliche Eltern« sind. Das wollen sie auf keinen Fall.

- Eltern haben Angst, den eigenen Schmerz anzuschauen: Wenn etwas »schiefgeht« in der Erziehung, schauen sie lieber auf die Kinder und wollen sie »reparieren«, anstatt auf sich zu schauen, auf die Gründe, weshalb die Kinder auffällig sind, und die vielleicht auch mit ihnen selbst zu tun haben.
- Eltern sind in Not. Sie fühlen sich nicht in der Lage, Verantwortung zu übernehmen. Entweder, weil sie es selbst nicht gelernt haben, oder weil sie zu belastet sind.

Die Not der Kinder ist dann: Sie tragen zu schwer. Auf ihren Schultern lastet eine Verantwortung, die sie überfordert. Sie müssen sich wie Erwachsene verhalten, Eltern trösten, Partner oder Partnerinnen ersetzen, die Familie stützen, die Wünsche und Träume der Eltern erfüllen. Das bedeutet für sie, sie können sich nicht altersentsprechend verhalten und eigenständig entwickeln. Eine Last, die sie lebenslang prägt. Manchmal brechen sie darunter zusammen.

Erziehen ist uncool

Für viele Eltern ist Erziehen irgendwie »uncool«. Erziehen klingt in ihren Ohren nach »ziehen«. Es hat den Anschein, als würde man die Kinder in eine Richtung drängen, sie einengen, sie manipulieren, nach dem eigenen Willen formen. Wer will das schon?

Vielleicht würden wir als Eltern selbst gern manchmal jugendlich sein, »cool« und locker. Um uns jünger zu fühlen, um uns den Kindern näher zu fühlen. »Erziehung« widerspricht da vollkommen unserem Selbstverständnis. Möglicherweise haben wir selbst auch schlechte Erfahrungen mit dem Erzogen-Werden gemacht. Vielleicht hatten wir Eltern, die ihre Macht ausgenutzt und uns Kinder gedemütigt und kleingehalten haben. Kein gutes Vorbild für die Erziehung unserer eigenen Kinder.

Was dann?

Wenn man sich gegen Erziehung entschieden hat, steckt dahinter vielleicht die Idee, dass man eher partnerschaftlich mit seinen Kindern zusammenleben will. Man ist der Meinung, dass die Kinder selbst bestimmen sollen. Sie sollen ihren eigenen Weg finden, und das können sie am besten, indem sie alle Entscheidungen selbst treffen. Sie sollen gleichberechtigt neben uns aufwachsen. Manche Eltern sagen: »Wir leben eher wie in einer WG zusammen.« Das heißt: Wir Eltern machen uns zu Kumpels unserer Kinder. Die aber brauchen Halt und Sicherheit.

Wir erziehen trotzdem

Und dann erziehen wir doch. Allerdings nicht offiziell, sondern »hintenrum«. Nicht so direkt. Eben weil man nicht nicht erziehen kann. Wir versuchen, die Kinder zu etwas zu kriegen, das wir für wünschenswert halten. Aber wir sagen es nicht direkt. Eher so: »Na, du wirst schon sehen, was passiert, wenn du die Zähne nicht putzt oder auf eine hohe Mauer kletterst oder nachts zu lange wegbleibst.« Die Kinder spüren es, aber sie haben keine Worte dafür. Es ist so unklar. So »wischi-waschi«. Denn wir sprechen nicht aus, was wir als Eltern eigentlich wollen und für richtig halten, wir transportieren es nur indirekt. Wenn das aber unausgesprochen bleibt, stehen am Ende verwirrte, überforderte Menschen, die entweder ungeschützt in die Welt ziehen oder jeden einzelnen Schritt minutiös planen, weil sie gelernt haben: »Ich muss auf alles aufpassen, alles selbst entscheiden«, und das ist für ein Kind, das noch gar nicht alles überschauen kann, extrem anstrengend.

Alles erzieht

In diesem Buch geht es darum, wie man Erziehung bewusst gestalten kann. Denn eins ist klar: Erziehung »ist« immer. Ob wir es wollen oder nicht. Alles, was wir tun oder nicht tun, erzieht. Wir können nicht nicht erziehen. Je mehr uns das bewusst ist, desto mehr sind wir fähig, vieles »Doofe, Unbewusste« zu vermeiden.

Wir können uns bewusst entscheiden, was wir unseren Kindern vorleben, wie wir uns verhalten, wo sie unseren Schutz brauchen und an welchen Stellen wir sie ermutigen und herausfordern können.

Erziehung als Teil des Alltags, den wir gestalten

Natürlich haben wir Einfluss darauf, wie unsere Kinder sich entwickeln. Nicht in jeder Facette, aber wir sind wichtig dafür, dass sie sich gut entwickeln können: Manches machen wir vielleicht automatisch richtig, damit müssen wir uns nicht beschäftigen. Manches sollten wir uns unbedingt bewusst machen. Wir müssen nicht alle Fehler unserer Eltern wiederholen. Wir können das Gute übernehmen und ansonsten eigene Fehler machen. Wir können einiges gut und richtig machen.

Und wie das geht, wie wir selbst unsere Wünsche und Sehnsüchte stillen können, dazu möchte ich in diesem Buch Anregungen geben:

- Dem Wunsch, gerettet zu werden, können wir die Selbstfürsorge gegenüberstellen,
- dem Wunsch, perfekte Eltern zu sein, die Fehlerfreundlichkeit,
- der Angst, die Liebe des Kindes zu verlieren, die Selbstsicherheit,
- der Angst, den eigenen Schmerz anzuschauen, das Verstehen der eigenen Geschichte und
- der Not können wir die Suche nach Unterstützung gegenüberstellen.

Je mehr wir uns bewusst darüber sind, was wir wirklich wollen, je deutlicher uns klar ist, was unser eigenes »altes Thema« ist, das vielleicht mit unserem Kind nichts zu tun hat, desto mehr können wir unser Leben gestalten und das Aufwachsen unserer Kinder gut begleiten. Viel Spaß dabei!

Teil 1

Wie Kinder es erleben

»Mama, mach das Licht aus«

Kinder »erziehen« ihre Eltern

»Die Erwachsenen sind wirklich einfach zu begriffsstutzig und es kostet Kinder einfach viel Mühe, ihnen dauernd alles zu erklären«, sagt der kleine Prinz im gleichnamigen Buch von Antoine de Saint-Exupéry. Jugendliche haben den Satz bei der Fridays-for-Future-Demo am 20.9.2019 in Köln in großen Buchstaben auf ein Plakat gemalt.

Der Autor hat auf den Punkt gebracht, was viele Kinder und Jugendliche denken: Die großen Leute verstehen nie etwas von allein, die Kinder müssen es ihnen immer und immer wieder erklären. Mehr noch, sie müssen ihnen auch sagen, was sie zu tun haben.

Janina ist Mutter einer vierzehnjährigen Tochter. Carla besucht die achte Klasse eines Gymnasiums. Gemeinsam mit Freundinnen war sie schon ein paarmal auf den Demos der Fridays-for-Future-Bewegung. Janina begrüßt das. »Wir haben uns früher auch politisch engagiert, und es ist gut, wenn die Kinder das machen«, findet sie. Der Direktor der Schule habe gesagt, dass die Kinder gehen können, aber auf dem Zeugnis stünden dann die unentschuldigten Fehlstunden. Janina hat ihre Tochter ermuntert, das in Kauf zu nehmen, und ihr gesagt: »Das ist völlig egal. Wenn es wegen der Demo ist, mach das ruhig.« Sie erinnert sich, dass sie selbst sehr politisch war: »Wir waren hardcore gegen AKS und Pershing. Wenn du in den Siebzigern in Bayern groß geworden bist, gab es Feindbilder an allen Ecken und Enden: CSU, Franz Josef Strauß – und die Eltern waren das erste Feindbild.« Sie ergänzt: »Das sind wir ja alles nicht mehr in dem Sinn.« Das Interesse der Tochter an der Klima-Bewegung hat Auswirkungen. Die bekommt Janina ganz direkt zu spüren: »Mama, mach doch mal öfter das Licht aus«, fordert Carla sie immer wieder auf. Und die Tochter achtet selbst darauf: Wo kann man das Licht ausmachen? Und: Was braucht man eigentlich wirklich? Sie hat angefangen, weniger Fleisch zu essen. Und sie macht ab und zu das Licht hinter ihrer Mutter aus.

Carla erzählt, dass es ihr wichtig ist, dass nicht so viel Plastik benutzt wird, auch von ihren Eltern. Beim gemeinsamen Einkauf sorgt sie schon dafür, dass die Eltern da ein bisschen mehr drauf achten: »Manchmal sind es so unnötige Sachen. Wenn man jetzt zum Beispiel die Schokolade will und diesen Schokoriegel, dann sag ich auch immer: ›Ja, komm, unnötig, das ist alles verpackt, brauchen wir jetzt auch nicht.‹ Sie findet, ihre Eltern gehen eigentlich ganz »in Ordnung« mit den Dingen um, sie fahren kein Auto und achten darauf, was sie einkaufen. Sie meint aber: »Wenn man weiß, dass die eigenen Eltern richtig viel Auto fahren, nur Plastik kaufen oder so, da würde ich auf jeden Fall was sagen.«

Was passiert da? Carla zeigt mit ihrem Denken und Verhalten, dass sie vernünftig ist, vernünftiger als ihre Mutter in dem Fall. Die erkennt es an. Greta Thunberg hat es zu Hause genauso gemacht: In dem Film »Greta«, der ihre erstaunliche Geschichte und ihren Einsatz für das Klima erzählt, erinnert sie sich, dass sie irgendwann angefangen hatte, zu Hause das Licht auszumachen und die Stecker zu ziehen. Ihre Eltern hatten sie gefragt, warum sie das mache. Darauf hatte sie geantwortet: »Um Energie zu sparen.«

»Das hätte ich mich mal trauen sollen!«

»Das hätte ich mich mal trauen sollen, meiner Mutter zu sagen, sie solle das Licht ausmachen«, sagt meine Freundin Thea. »Was wäre passiert, wenn du es gemacht hättest?«, frage ich sie. »Keine Ahnung, aber uns wurde ganz klar signalisiert, dass das ein No-Go ist.« Theas Erziehung war streng. Wer »oben« und wer »unten« stand, war klar geregelt. Ihre Mutter sagte an, sie und ihre drei Geschwister mussten tun, was sie sagte.

Ich habe als Jugendliche rebelliert. Ich wollte ausbrechen, die Welt erobern, anders sein als meine Eltern. Ich habe revoltiert gegen sie, habe ihnen gesagt, dass sie spießig sind und ich ganz anders leben werde als sie. In einer WG ohne Regeln, wild und gefährlich und romantisch – das war meine Vorstellung. Ich kann mich jedoch nicht daran erinnern, dass ich als Kind oder Jugendliche meinen Eltern jemals gesagt hätte, was sie tun sollen – auch nicht das Licht ausmachen. Ihnen Anweisungen zu geben, wie sie sich im Haus, in der Welt verhalten sollen, Regeln aufzustellen im Sinn von Bewahrung der Umwelt – undenkbar. Gespart haben eher meine Eltern: Meine Mutter hat mir gezeigt, wie man das Papier, in das die Butter eingewickelt war, noch abschabt, damit kein Fitzel davon verschwendet wird. Ein Freund erzählt immer die Geschichte von der heimlichen Sparsamkeit seines Vaters und dessen damit verbundenen inneren Konflikt mit dem »Herrgott«: Sein Vater war katholisch und im Hausflur gab es ein Marienbild hinter Gittern. Davor stand ein elektrisches »ewiges Licht«, also brannte es auch ewig – eben immer. Da sein Vater aber ein sparsamer Mensch war, ging er jeden Abend, wenn er alle im Bett glaubte, noch einmal rasch nach unten, um das Licht zu löschen. Morgens dann zog es ihn vor allen anderen wieder zur Maria, um das Licht anzuknipsen. Er war fest davon überzeugt, dass niemand etwas merkte. Nur der »Herrgott« – vielleicht.

Mein Mann Heiner erinnert sich daran, wie seine Mutter die leere Margarinedose umgedreht in die Pfanne legte, um jedes noch verbliebene Flöckchen Margarine herauszubekommen. Die Plastikdose schrumpelte durch die Hitze zusammen, dann nahm sie sie wieder heraus. Mit Sicherheit landeten so auch einige Gifte im Essen. Aber das war kein Thema.

Die Eltern und Großeltern heutiger Eltern waren Kriegskinder oder Nachkriegskinder. Es gab nichts zu verschwenden. Sparen aus Not – nicht der Umwelt wegen, das hat die Kriegsgeneration gelernt. Socken wurden gestopft, Radios repariert. Bewahren statt neu kaufen.

Und jetzt: Wegwerfen, nicht über Kaputtes grübeln, das haben viele aus der Generation heutiger Eltern gelernt. Es lohnt nicht mehr, die Waschmaschine reparieren zu lassen, wenn das mehr als hundert Euro kostet und man schon, wenn man noch einen Schein drauflegen würde, eine neue erwerben könnte. Jedem, der schon einmal mit einem Monteur vor seiner kaputten Waschmaschine gestanden hat, wurde dieses verlockende Angebot bereits gemacht.

Nach Entbehrung und Sparsamkeit endlich prassen zu können, nicht auf die Reste zu schauen, das Licht einfach brennen zu lassen – was für eine wärmende Vorstellung. Die Verlockung, der wir erliegen, heißt: Befriedigung – sofort. Wir können uns wie ein kleines Baby, das sofort gestillt werden muss, wenn es vor Hunger schreit, selbst stillen. Alle – zumindest materiellen – Wünsche erfüllen sich von selbst und sofort. Ohne Aufschub. Schlaraffenland. Globalisierung und Wachstumsgesellschaft machen es möglich.

Die Vision: »Alles ist möglich, und zwar jetzt« ist tatsächlich für viele Realität. Ein paar Klicks genügen, um sich sofort jeden Wunsch zu erfüllen. Wir müssen uns dafür nicht einmal bewegen, uns schon gar nicht spät abends unbemerkt in den Hausflur stehlen, um das ewige Licht auszuknipsen. Wir fühlen uns befreit von der kindlichen Enge des Sparens, Verzichtens, Aufpassens. Es geht um heute, nicht um morgen, um Erleben, Genuss sofort, nicht um Verantwortung. Unangenehmes können wir wegklicken, uns im Kaufrausch ablenken. Wir müssen nicht an Morgen denken.

Klingt moralisch, ist es auch. Erwachsen zu sein bedeutet, Verantwortung zu übernehmen, für sich und für andere. Und das wird durch die Haltung »Alles ist möglich« und »Befriedigung – sofort« nicht gefördert, im Gegenteil. Denn Aushalten, Geduld, Zurückstecken werden so nicht gelernt. Und diese Lebensweise hat Konsequenzen. Die Kinder und Jugendlichen haben eine Ahnung davon, dass sie die Suppe auslöffeln müssen, die wir ihnen aus vielerlei Gründen einbrocken.

Macht es wie eure Kinder, werdet erwachsen

Und genau da setzen sie an: »Macht es wie eure Kinder, werdet erwachsen« ist ein Slogan der Fridays-for-Future-Bewegung. Kinder und Jugendliche appellieren an ihre Eltern, an Lehrer, Politiker, an alle Erwachsenen, Verantwortung für den Erhalt der Erde zu übernehmen. »Macht endlich euren Job«, sagen sie, flehen sie, rufen sie.

Kinder sagen den Eltern, was sie tun sollen. Sie sagen ihnen, dass sie ihre Kinder und deren Zukunft schützen sollen. Die Verhältnisse haben sich verkehrt. »Sie tun etwas, das sie eigentlich nicht tun sollten. Sie sollten zur Schule gehen«, sagen die Alten. Barack Obama etwa, der ehemalige US-Präsident. Und er betont in seiner Rede auf einer Wirtschaftsmesse in München auch, dass das etwas mit Verantwortung und Erwachsensein zu tun hat: »Eine Sechzehnjährige sollte das nicht tun müssen. Sie erinnert uns daran, dass die von uns, die behaupten, Erwachsene zu sein, ihren Verantwortungen oft nicht gerecht werden«[1]. Verantwortung ist das Stichwort. Wer hat eigentlich die Verantwortung? Für wen und für was? Wer übernimmt sie? Und: Wer kann sie schultern? Zur Schule gehen? Die Jungen fragen sich, warum sie das tun sollten, wenn es dafür keinen geschützten Rahmen gibt. Wozu lernen, wenn die Welt bald untergeht? Und sie machen Druck. Sie benutzen eine Formulierung, die alle Eltern noch sehr gut kennen: »Wenn … dann …« »We will go to school, if you keep the climate cool« lautet ein anderer Slogan, den man häufig bei den Freitagsdemonstrationen lesen kann. »Wenn ihr die Erderwärmung verhindert, dann gehen wir auch zur Schule.«

Das ist keine Revolte der Jugend wie in den 68ern, es geht nicht um Umsturz und Erneuerung, nicht um freies WG-Leben und Sich-Austoben, sondern um Bewahrung. Es geht um die Erhaltung der Erde, der Lebensgrundlage der jungen Generation. Es geht darum, wo sie das, was sie jetzt in der Schule lernen sollen, in der Zukunft überhaupt umsetzen können. Das ist ihnen wichtig. Mehr noch: Sie haben Angst, sie fühlen sich nicht geschützt. Deshalb versuchen sie, das Thema zu schultern und gehen in die Öffentlichkeit anstatt in die Schule.

»Na ja, es ist, als würden wir unsere Eltern, unseren Staat ein bisschen … Ich will jetzt nicht sagen ›erziehen‹, aber es ist schon so, als würden wir in eine ganz merkwürdige Lehrer- und Lehrerinnenrolle schlüpfen«[2], sagt Luisa Neubauer, eine der Leitfiguren der Bewegung in Deutschland. Der zwölfjährige Andre hat gemeinsam mit fünf anderen Kindern und Jugendlichen vor dem europäischen Gerichtshof für Menschenrechte 33 Länder aus Europa, darunter auch Deutschland verklagt. Er geht sogar noch einen Schritt weiter, wenn er sagt: »Es ist so ein wichtiges Thema, dass wir es nicht den Erwachsenen überlassen dürfen«[3]. Eine starke Aussage eines so jungen Menschen, der so viel weniger Einflussmöglichkeiten hat, so viel weniger Lebenserfahrung, so viel weniger Mittel, sich Gehör zu verschaffen. Mit anderen Worten: Die Kinder haben kein Vertrauen mehr, dass die Erwachsenen es richten werden – und das zu einer Zeit, in der man als Kind auf sie vertrauen können müsste. Mit zwölf Jahren hat man noch nicht die Möglichkeit und die Übersicht wie die Erwachsenen. Es ist auch eigentlich noch nicht dran.

»Wenn ich nichts tue, dann würde ich das wahrscheinlich im Nachhinein nicht für richtig halten«

Jonas ist bei Fridays for Future aktiv. Er ist achtzehn und macht im kommenden Jahr Abitur. Seit über einem Jahr war er schon bei Demonstrationen dabei, und dann kam der erste Lockdown. »Da hieß es: ›Ab jetzt bleibt ihr zu Hause‹, und dann hatte ich auf einmal ziemlich viel Zeit und habe mich intensiver damit beschäftigt. Es gab Online-Plena, an denen ich teilgenommen habe, und dann habe ich mich da immer weiter eingegliedert.«

Und was hat ihn motiviert? »Das war eine ganz klare Sache. Ich habe gesehen und auch in meiner Umwelt wahrgenommen, dass es Veränderungen gibt durch die Trockenperioden im Sommer, dass es halt so ist, dass wir das Thema nun mal haben und an der Stelle nichts getan wird. Dann habe ich mich eingelesen in wissenschaftliche Publikationen. Ich mache das aus der Überzeugung, dass etwas getan werden muss, um weiter Leid und Übel zu verhindern, und weil ich auch möchte, dass das so passiert. Ich möchte mich selbst daran messen. Wenn etwas schiefläuft, möchte ich nicht sagen müssen: ›Hättest du mal was dafür getan.‹« Er habe oft gesehen, dass nach Schuldigen gesucht würde, denen die Verantwortung zugewiesen wurde, wenn etwas schieflief. Er habe z. B. mitbekommen, dass gesagt wird: »Ja, die tun nichts und die Politiker machen nichts und da passiert nichts …« Jonas findet es nicht gut, Leuten vorzuwerfen, dass sie irgendetwas nicht gemacht haben. Er möchte auf sich schauen und tun, was er für richtig hält. Er habe sich gedacht: »Wenn ich jetzt nichts tue, dann würde ich das wahrscheinlich im Nachhinein nicht für richtig halten.« Jonas hat sich vorgestellt, wie die Umwelt in zehn Jahren aussieht, dass es dann wahrscheinlich noch mehr Naturkatastrophen gibt, und er hat sich entschieden, dass er nicht denken möchte: »Es wird sich schon regeln« und es im Nachhinein bereut. »Ich fände es auch doof, wenn es an mir gescheitert wäre, wenn es an mir läge, dass es nicht klappt, dass ich mich nicht für die Sache starkgemacht habe. – Das muss nicht sein.«

Von seinen bisherigen Freunden ist keiner bei der aktiven Arbeit dabei. Seine Eltern gehen nicht zur Demo, aber sie stehen von ihrer Überzeugung her dahinter und finden es auch wichtig, die Missstände zu kritisieren. Ob sie aus Zeitgründen nicht mitgehen oder weil das eine Jugendbewegung ist und sie sich da fehl am Platz fühlen, weiß er nicht so genau.

»Es fühlt sich notwendig an, den Eltern zu sagen, was sie tun sollen«

Lisa ist siebzehn und macht Öffentlichkeitsarbeit einer Ortsgruppe von Fridays for Future. In ihrer Familie habe sie das Bewusstsein für die Umwelt geschärft. Ihren Eltern sei bis dahin zum Beispiel nicht klar gewesen, dass Fleischkonsum in so hohem Maß zu Emissionen beitrage. Ihre Wünsche an die Erwachsenen formuliert sie ganz klar: »Dass die Erwachsenen genauso wie wir einerseits begreifen, was der Klimawandel bedeutet, und andererseits dem Ganzen Taten folgen lassen, sowohl auf persönlicher Ebene als auch auf politischer Ebene.« Und ganz konkret wünscht sie sich: Sie sollen ihren Lebensstil ändern, sich politisch engagieren, zu den Demonstrationen kommen oder selbst so etwas wie »Parents for Future« gründen und auch öffentlich, z. B. in Form von Leserbriefen, Stellung beziehen.

»Und wie fühlt sich das an, der älteren Generation zu sagen, was sie tun sollen?«, frage ich sie. »Es fühlt sich notwendig an«, sagt Lisa. Sie habe nicht das Gefühl, dass sie sich dafür rechtfertigen müsse, dass sie an die Erwachsenen appelliere. Sie fühle sich eher als Kommunikationsmittel zwischen Wissenschaft und Eltern, der Erwachsenengeneration und der Gesellschaft. Durch das, was wissenschaftlich bewiesen ist, sei sie legitimiert. Ihre Appelle seien nicht überheblich, sondern eher verzweifelt. Sie versuchten, eine Notwendigkeit deutlich zu machen.

Ich frage noch mal genauer nach: »Wie fühlt es sich an, jemandem, der eigentlich einem selbst erklärt, wie die Welt funktioniert, zu sagen, wie es läuft?« Lisa überlegt. »Es fühlt sich eigentlich erst mal gut an. Nicht wirklich ›mächtig‹, aber sich bewusst zu machen, dass man Einfluss hat, stärkt ja irgendwie auch das Selbstbewusstsein. Somit fühle ich mich in dem Moment, in dem ich mich entscheide, meinen Eltern so was zu sagen, selbstbewusst oder zumindest moralisch bestärkt, weil ich weiß, dass ich das Richtige tue.« »Natürlich ist man im ersten Moment auch irgendwie unsicher, was zu sagen«, räumt sie ein. »Aber eigentlich ist es bei mir eher nicht so.«

Das ist schon so ein bisschen Erziehung, was da passiert zwischen den Jungen und den Älteren. Die Jungen machen die Älteren auf etwas aufmerksam, das sie bislang so nicht gesehen haben, worauf sie nicht geachtet haben, wo sie weggeschaut haben. Das Thema ist global. Es geht um nichts Geringeres als um die Rettung der Erde, um die Zukunft der Kinder. Darum, dass sie eine Lebensgrundlage haben. Dabei haben sie Rückendeckung von Wissenschaftlern und Wissenschaftlerinnen. Es ist ein gemeinsamer Kampf von vielen, der in die Familien hineingetragen wird.

Anders als in den 68ern geht es nicht nur darum, gegen das Establishment zu sein, sondern die Erwachsenen mit ins Boot zu holen. Die Fridays-for-Future-Mitglieder geben sich gegenseitig Tipps, wie sie am besten ihre Eltern aktivieren können. In dem Internet-Blog »So kriegst du deine Eltern zum Klimastreik« findet man Informationen über die Vorlieben und Gewohnheiten der Eltern, auf die man eingehen kann, um sie dazu zu bewegen, aktiv zu werden: »Eltern müssen freitags arbeiten – die meisten werden sich den Tag freinehmen müssen oder ihre Termine verschieben. Also: Sprich sie rechtzeitig auf den großen Streiktag an.« Oder: »Eltern lieben den Familien-Chat. Das ist deine Chance: Schick ihnen alle Demo-Orte für den 20. September per WhatsApp.«

Wir brauchen euch!

Anders und doch ähnlich ist der Kampf, den manche Kinder und Jugendlichen allein führen: Das Ringen darum, dass die Eltern ihnen eine Leitlinie bieten, eine Orientierung zum Groß- und Erwachsenwerden, dass sie ihnen helfen, irgendwann selbstständig ihr Leben meistern zu können und nicht zu früh in eine Rolle zu kommen, die sie überfordert. Auch im privaten Bereich könnte man sagen: »Sie sollten das nicht tun müssen.« Die Verantwortung für die Erziehung der Kinder liegt bei den Erwachsenen. Der Kern ist im Politischen wie im Privaten gleich. Die Kinder und Jugendlichen appellieren an die Erwachsenen: »Seht her, was wir brauchen, und verhaltet euch entsprechend!« Denn: »Auch wir brauchen euch!«

In Erziehungsberatungsstellen melden sich in der Regel Eltern an, die Beratung suchen für den Umgang mit Kindern oder weil sie hoffen, dass die Mitarbeiterinnen und Mitarbeiter ihnen helfen, den Kindern etwas beizubringen, das sie selbst ihnen versuchen zu vermitteln, dabei aber nicht weiterkommen.

Manchmal melden sich auch Jugendliche, die allein zu einem Termin kommen wollen. Sie möchten mal mit jemand »Neutralem« sprechen, weil das zu Hause nicht so gut geht. Und oft auch, weil sie eine Sorge haben und nicht mehr weiterwissen.

So wie die fünfzehnjährige Josefine. Zum vereinbarten Termin erscheint sie pünktlich. Sie wirkt sortiert, intelligent und ist gut gekleidet. In der Beratung erzählt sie von den Problemen mit ihrer Mutter. Sie sei so unberechenbar, sagt sie.

Manchmal sei sie total nett und liebevoll und freundschaftlich. Dann kuschelten sie zusammen, schauten Serien und seien ein bisschen wie Freundinnen. Dann wieder raste die Mutter aus heiterem Himmel komplett aus, komme in ihr Zimmer, schmeiße alles durch die Gegend und verbiete ihr, ihre Freundinnen zu treffen. Josefine wisse dann gar nicht, wie sie ihre Mutter beruhigen könne. Und ihr Vater? Der mache sich dann schnell aus dem Staub. Ansonsten seien für ihn nur die Noten in der Schule wichtig. Über etwas anderes könne sie kaum mit ihm sprechen. Er habe so eine Art Abfrage-Routine entwickelt. Wenn sie sich sähen, verlange er, dass sie ihre schulischen Leistungen vorzeige. Josefine ist traurig und weint. Ihr Wunsch an ihren Vater: »Frag doch lieber mal, wie es mir geht!« Sie möchte von ihm gesehen werden: als seine Tochter, nicht als Maschine, die gute Noten ausspuckt. Unter Tränen formuliert sie ihren Wunsch an mich: »Können Sie meinen Eltern mal sagen, wie sie mich erziehen sollen?«

Lara ist ebenso verzweifelt. Sie erzählt, dass sie als kleine Prinzessin aufgewachsen ist. Sie hat mit ihren Eltern auf dem Land gelebt, konnte rausgehen und eigentlich machen, was sie wollte. Es gab keine Regeln und wenig Orientierung. Sie erinnert sich, wie verloren sie sich gefühlt hat. Ein merkwürdiges Gefühl zwischen Macht und Einsamkeit. Einerseits konnte sie ihrem Vater alle Zusagen abringen: Er kaufte ihr, was sie wollte, sie durfte so lange aufbleiben, wie sie wollte. Andererseits waren die Eltern so mit ihrer Arbeit und ihrem Streit miteinander beschäftigt, dass sie immer wieder um ihre Beachtung kämpfen musste. Sie hörte eine Zeit lang auf zu essen, obwohl ihr Vater doch so ein guter Koch war, und wurde immer dünner. Zum Glück lebte eine Freundin in der Nähe, bei der sie manchmal Unterschlupf gesucht hat, mit der sie sprechen konnte und deren Eltern ihr geholfen haben. Irgendwann trennten sich ihre Eltern. Der Vater hat noch einmal geheiratet. Lara blieb bei ihm. Nach kurzer Zeit bekam Lara einen Halbbruder. Er wurde ähnlich erzogen wie sie, nämlich gar nicht, wie Lara es empfindet. Das triggerte sehr den Mangel, den sie selbst als Kind zu Hause erlebt hat. Ihr Gefühl: »Ich habe die Verantwortung dafür, dass mein Bruder richtig erzogen wird. Ich muss meinem Vater sagen, wie er ihn erziehen soll. Es soll ihm nicht so ergehen wie mir.« Das Gefühl von Verlorensein aus ihrer Kindheit ist oft immer noch ganz nah.

Beide Mädchen spüren eine große Last auf ihren Schultern. Sie empfinden, dass etwas »umgedreht« ist, dass sie einerseits große Macht und große Freiheiten haben. Andererseits ist diese Macht aus einem Vakuum entstanden, das die Eltern hinterließen, weil sie ihnen keine klaren Leitplanken zur Verfügung stellen oder gestellt haben. Josefine und Lara verspüren wenig Halt. Macht und Freiheiten überfordern sie.

»Macht was!«

»Das Jugendalter ist ein Lebensabschnitt, der gelebt werden muss«, schreibt der englische Kinderarzt und Psychoanalytiker Donald Woods Winnicott in seinem Buch »Familie und individuelle Entwicklung«. Er meint, es sei »eine Zeit der persönlichen Entdeckungen«, in der die Kinder »mit dem Erleben des Lebens, dem Problem des Daseins, vollauf beschäftigt«[4] seien. Eine Zeit, die »gelebt werden muss« – aber dazu brauchen die Jugendlichen einen gesicherten Rahmen, in dem sie sich Sorgen machen können um die Fragen, die sie in dieser Zeit beschäftigen und betreffen: »Wer bin ich?«, »Wo gehöre ich hin?«, »Was muss ich tun, um dazuzugehören?« Ich habe den Eindruck, dass diese Fragen durch zwei andere verdrängt werden. Zwei große Sorgen, die die Jugendlichen haben: die um ihre Lebensgrundlage und ob es überhaupt eine Zukunft für sie auf diesem Planeten geben wird, für die es sich lohnt, zur Schule zu gehen und auf die man sich freuen kann. Das andere ist die Frage nach dem »Wie«: Wie soll ich mein Leben meistern?

Kinder und Jugendliche spüren von vielen Seiten Druck, der sie daran hindert, sich auszuprobieren, sich zu entwickeln und ihren Weg zu suchen: der ständige Druck, Leistung erbringen, perfekt sein zu müssen, keine Fehler machen zu dürfen. Wir Erwachsenen erinnern sie immer wieder daran, dass sie leisten sollen und müssen, und dabei geht es immer darum, was mal aus ihnen werden soll. Da bleibt keine Zeit zum Erleben des Hier und Jetzt. In beiden Fällen geht es um die Zukunft: Wenn du nicht lernst und nicht »funktionierst«, wie manche Eltern es ausdrücken, dann wird nichts aus dir. Auch auf anderen Kanälen erleben sie Druck. In Casting-Shows, von YouTube-Stars und Influencern wird ihnen suggeriert: Perfekt zu sein macht glücklich. Nicht nur der Geist, auch der Körper, das Styling, die Lebensphilosophie müssen makellos sein. Mit diesen Vorgaben sitzen viele allein zu Hause und jeder und jede weiß für sich: »Das kann ich nicht schaffen.«

Diejenigen, die sich bei Fridays for Future engagieren, finden in der Gruppe einen Halt. Sie empfinden es als sinnstiftend, sich für das Klima und die Zukunft der Erde zu engagieren. Das Gemeinschaftsgefühl mit Rückendeckung durch die Wissenschaft gibt ihnen Mut, sich zu engagieren. Interessanterweise sind die Jugendlichen der FFF-Bewegung, mit denen ich gesprochen habe, zu Hause gut »geerdet«: Sie haben ihren Platz, es gibt Regeln, sie können sich an den Erwachsenen reiben und gleichzeitig erleben sie deren Anerkennung und Unterstützung.

Das ist der Unterschied zu den Kindern und Jugendlichen, die zu Hause die Zügel in die Hand nehmen, weil sie das Gefühl haben, dass es sonst keiner tut. Sie haben zunächst mal keine sichere Basis, von der sie ausgehen können. Die einen appellieren an die Erwachsenen, endlich die Verantwortung für die Welt, in der sie leben, zu übernehmen. Die anderen wünschen sich Eltern, die ihre Verantwortung als Eltern übernehmen. Die FFF-Jugendlichen fühlen sich dort handlungsmächtiger, wo sie die Rückendeckung vieler Erwachsener und der Wissenschaft bekommen. Wo Erwachsene und Politiker nicht reagieren, erleben sie sich als ohnmächtig. Die Kinder und Jugendlichen, die zu Hause in die Rolle der Erwachsenen schlüpfen, spüren die Ambivalenz zwischen Macht und Ohnmacht hautnah. Sie fühlen sich mächtig und wichtig, wenn sie von den Eltern ins Vertrauen gezogen, wenn sie gebraucht und um Rat gefragt werden. Ohnmacht erleben sie, wenn sie spüren, dass sie das Wohlgefühl der Eltern nicht dauerhaft stabilisieren können oder wenn die Eltern sie im nächsten Moment wieder wie Kinder behandeln und ihnen von oben herab sagen, was sie tun sollen. Die einen appellieren: »Mach das Licht aus und übernimm deine Verantwortung für die Menschheit und damit auch für deine Kinder«, die anderen sagen: »Übernimm deine Verantwortung für deine Kinder und lass mich geschützt groß werden.« Alle Kinder wollen von der Last auf ihren Schultern befreit und gleichzeitig gesehen werden. Aus beiden Appellen spricht der Wunsch: »Entlastet uns! Gebt uns einen sicheren Rahmen! Macht was!«

Papa hat Pubertät

Verkehrte Rollen

Der spanische Künstler Salvador Dalí hat den schmerzlichen Aspekt, nicht mehr jugendlich zu sein, auf den Punkt gebracht in dem Satz: »Das größte Übel der heutigen Jugend besteht darin, dass man nicht mehr dazugehört.« Viele Erwachsene kennen diesen Schmerz.

Johannes ist Vater von fünf Kindern und erzählt, dass sich alle sehr genau an die geltenden Corona-Regeln halten: Abstand, Hygiene und Atemmaske, AHA. Im Unterricht trügen die drei Älteren jetzt weiter Masken, obwohl die Landesregierung die Maskenpflicht für weiterführende Schulen im Unterricht aufgehoben habe. Sie wollten ihre Lehrer schützen. Und sie ermahnten auch die Erwachsenen, die Eltern, sich daran zu halten. Wenn er, der Vater, jemandem zu nahe komme, rufe der vierjährige Sohn: »Papa – Abstand!« Die Kinder hätten auch sonst ihre genauen Vorstellungen, was das Essen und den Schutz der Umwelt angeht. Seine Frau sei Vegetarierin, die vier Kinder ernährten sich vegan. Alle gingen zu den Fridays-for-Future-Demos.

Und er, er kaufe sich manchmal ein Steak und schummle das irgendwie hinter dem Rücken der anderen in die Küche, um es sich dann genüsslich in der Pfanne zu braten. Der Duft ziehe durch die ganze Wohnung. Die Kinder rollten dann mit den Augen und hielten ihm Vorträge über die Umweltbelastung durch seinen Fleischkonsum, seine Wegwerfmanie und die Wahl seiner Fortbewegungsmittel. Denn seine Frau und die Kinder erledigten alle Strecken in der Großstadt mit dem Fahrrad. Das habe er früher auch so gemacht. Aber jetzt, jetzt habe er entschieden, nur noch mit dem Auto zu fahren. Er liebe die Provokation.

Provozieren, dagegenhalten – eigentlich der Job der Kinder und Jugendlichen. Eigentlich. Hier läuft es andersherum. Die Kinder halten sich an die Regeln, der Vater macht sich einen Spaß daraus, sie zu überschreiten. Frei nach dem Motto: »Ich lasse mich doch nicht in meiner Freiheit einschränken!«

Papa hat Pubertät. Vielleicht hat er auch noch was anderes. Mir kommt der französische Spruch in den Sinn, der bei meinen Eltern auf einem Aschenbecher stand: »Deux filles et la mère, trois diables pour le père« (»Zwei Töchter und die Mutter, drei Teufel für den Vater«).

Wogegen rebelliert Papa? Gegen die Kinder, gegen die Regeln oder gegen den Block, der ihm zu Hause gegenübersteht: Mama und fünf Kinder. Warum hat Papa Pubertät? Liebt er nur die Freiheit und die Provokation oder fühlt er sich ausgeschlossen und möchte auf sich aufmerksam machen – mit Methoden, die er in seiner Jugend gelernt hat? Hat er selbst zu wenig pubertiert? Gibt es etwas nachzuholen? Was läuft in der Partnerschaft nicht so gut? Es kann viele Gründe geben, warum der Vater der Provokateur in der Familie ist. Möglicherweise hat das mit seiner Kindheit zu tun. Wahrscheinlich sogar. Durfte er vielleicht nicht Kind sein und muss das heute nachholen? Oder musste er Kind bleiben und durfte sich nicht zum Erwachsenen weiterentwickeln? Vielleicht hat es auch mit der Beziehung zu seiner Frau zu tun. Vielleicht auch mit beidem. Deutlich wird: Er macht auf sich aufmerksam, er möchte gesehen werden, und zwar von Frau und Kindern. Und das versucht er, indem er provoziert. Seine Methode hat Erfolg: Die Kinder sehen ihn. Sie reagieren auf ihn, wenn auch mit Kritik. Er hat seine Bühne.

Die Pubertät als Probebühne

Der französische Philosoph Jean-Jacques Rousseau gilt als der »Entdecker« der Pubertät. Für ihn ist Jugend gleichbedeutend mit Revolution, sozialem und moralischem Idealismus, Romantik, Natürlichkeit, edler Gesinnung, Wildheit, Leidenschaft. Mit anderen Worten: »feurige Jugend«. Was bedeutet das dann möglicherweise für die Kinder, wenn der Vater diese Rolle – eigentlich ihre Rolle – einnimmt? Im Fall des oben beschriebenen Vaters ist es so, dass die Kinder sich von ihm distanzieren. Sie spüren, dass er sich auffällig verhält, um ihre Aufmerksamkeit zu bekommen. Das ist irritierend. Wie soll man als Kind damit umgehen? Zumal es eigentlich die Aufgabe der Kinder ist, gegen den üblichen Laufweg zu gehen, auszuprobieren, zu rebellieren. Sie sind dabei, sich aus der Kindheit zu verabschieden und Neues kennenzulernen. Sie wollen und müssen dabei Fehler machen und über die Stränge schlagen, mal rechts, mal links gucken, um ihren Platz in der Welt zu finden. Sie wollen gesehen und beachtet werden, selbst wenn sie das in diesen Momenten nicht zugeben können. Ihnen gehört die Bühne, auf der sie sich zeigen, sich ausprobieren und rebellieren können. Stattdessen müssen sie diese den Eltern überlassen, die das offenbar selbst noch brauchen. Die Kinder müssen den Eltern Beachtung schenken, weil diese sich selbst nach Beachtung sehnen, Beachtung durch ihre eigenen Kinder. Wer soll da auf die Kinder schauen, wenn die Erwachsenen mit ihrem eigenen Bedürfnis nach Aufmerksamkeit beschäftigt sind? Das Signal an die Kinder ist: Auf der Bühne steht schon jemand.

Damit möchte ich nicht sagen, dass Eltern permanent auf ihre Kinder schauen sollen, auf gar keinen Fall. Aber auch nicht umgekehrt: dass sie sich selbst wie Kinder benehmen, sich Grenzenloses herausnehmen und die Kinder damit in die vernünftige, die erwachsene Rolle drängen. Denn das überfordert sie und nimmt ihnen den Raum, sich altersentsprechend zu entwickeln.

Claudia wohnt mit ihrer Mutter zusammen. Auch sie erlebt ihre Mutter nicht als Stütze, sondern als Freundin, die ab und zu selbst Unterstützung braucht. Es gibt keine Regeln zu Hause, keine gemeinsamen Mahlzeiten. Mal ist die Mutter laut und aufbrausend, dann geraten sie aneinander, mal versucht sie sich zu kümmern, dann verspürt Claudia für kurze Zeit ein Gefühl von Geborgenheit. Meistens muss die Tochter sich um die Mutter kümmern, weil die es nicht schafft, den Alltag verlässlich zu regeln. Und darin hat Claudia schon eine gewisse Routine entwickelt. So kontrolliert sie ständig, ob mit ihrer Mutter alles in Ordnung ist. Sie begleitet sie zum Arzt und zum Einkaufen. Sie vergewissert sich, dass die Mutter dort ankommt und alles funktioniert. Häufig fragt sie Dinge wie: »Ist das auch die richtige Adresse?«, »Bist du sicher, dass der Termin heute ist?«, »Hast du das Geld dabei, Mama?« Das Problem: Claudia weiß nie, was im nächsten Moment geschieht. Oft ist sie diejenige, die vorgibt, was gemacht wird und was die Mutter zu tun hat. Das ist Stress pur für Claudia. Sie weiß es doch auch nicht so genau. Woher auch?

In ihrer Verzweiflung holt Claudia sich Unterstützung. Und zwar für ihre Mutter. Sie meldet sie in der Erziehungsberatungsstelle an. Regina erscheint auch pünktlich zum verabredeten Termin. Nach der Begrüßung erzählt sie stolz: »Meine Tochter hat mich geschickt. Und sie hat auch schon angerufen, ob ich gut angekommen bin.« »Das ist bei Ihnen ja dann umgekehrt«, sage ich, »Ihre Tochter sagt Ihnen, was Sie tun sollen.« »Ja, genau«, stimmt Regina mir zu. »Das ist so bei uns. Bei uns bin ich diejenige, die in der Pubertät ist.« Was diese Umkehr mit ihrer Tochter macht, das kann sie nicht mitfühlen. Regina erzählt, dass sie selbst jetzt eine Freundin habe, ganz neu, und dass die Tochter eifersüchtig sei. Jetzt habe sie ihr versprochen, dass sie am Wochenende mit ihr Eis essen gehe. Die Tochter sei ganz stark, erzählt Regina, und dann sei sie wieder ein Kind. Ab und zu gibt es heftigen Streit zwischen Mutter und Tochter. Zum Beispiel, als Claudia ihr Zimmer neu streichen wollte. Da hatten Mutter und Tochter zusammen viel Zeit damit verbracht, Farbe auszusuchen, die alte Tapete abzureißen und alles in einem hellen Grünton zu streichen. Dann gefiel Claudia aber der neue Anstrich nach einer Woche nicht mehr. Da habe sie Krach geschlagen, sagt ihre Mutter. Am Ende habe die Tochter eingelenkt und sich doch mit der neuen Farbe arrangiert. Jetzt gefalle es ihr ganz gut. Manchmal, wenn Claudia es zu Hause nicht mehr aushalte, stehe sie auf und gehe zur Nachbarin.

Erwachsenen ist häufig nicht klar, dass Kinder, deren Eltern »pubertieren«, so ein Gefühl haben, als würden sie ständig auf rohen Eiern gehen. Sie müssen immer vorsichtig sein, wenn sie auftreten. Um sich selbst ausprobieren zu können, bräuchten sie aber einen festen Boden. Stattdessen sind sie damit beschäftigt, sich auf die »Kapriolen« der Eltern einzustellen, auf sie aufzupassen, Ausschläge in den Stimmungen abzufedern. Manche, wie Claudia, telefonieren den Eltern hinterher, um sicherzugehen, dass sie in Ordnung und gut irgendwo angekommen sind. »Geht es meiner Mutter wirklich gut? Sie kann schon für mich keine Verantwortung übernehmen, kann sie es dann für sich selbst?« Diese ständige Frage im Kopf fühlt sich an, als müsste man über ein morsches Brett gehen, um einen Fluss zu überqueren. Man weiß nicht, ob es hält. Also springt man vielleicht lieber und hilft den anderen rüber. Das bedeutet ständiges Zurückschauen und Sichern, und zwar den Weg der Eltern. Oder man bleibt stehen und entwickelt sich nicht weiter. In beiden Fällen reagieren die Kinder auf die Eltern, anstatt das Eigene ausprobieren und die notwendigen Entwicklungsschritte gehen zu können.

»Was ihr könnt, kann ich auch«

Sich jung zu fühlen, ist für viele von uns Eltern ein großes Thema. Wir möchten auf keinen Fall alt wirken. Wir wollen attraktiv sein, dazugehören, uns verlieben. Und da mischen die Konsumindustrie und die Werbung ordentlich mit: Jugendlich zu sein ist das Daseinsideal, der Wegfall der Generationengrenze ein großes Thema. Wir ziehen das Gleiche an, wir hören die gleiche Musik, wir benutzen die gleiche Sprache wie unsere Kinder. Wir bemächtigen uns der Symbole der Jugend.

Diana hat vier Kinder und ist alleinerziehend. Drei von ihnen sind in der Pubertät. Sie selbst ist Ende vierzig. »Und wie ist das so mit drei jugendlichen Kindern?«, frage ich sie. »Haben sie schon Partnerschaften? Bringen sie ihre Liebsten mit nach Hause? Übernachten die manchmal bei euch und verstopfen womöglich zu sechst morgens das Badezimmer? Da ist jetzt bestimmt ganz schön was los!« Diana lächelt ein wenig triumphierend. »Nein, die wundern sich manchmal nur, wer bei mir morgens am Küchentisch sitzt.« Damit meint sie ihre eigenen wechselnden Bekanntschaften, die sie mit nach Hause bringt. Die präsentiert sie ihrerseits morgens stolz ihren Kindern.

Aus der Sicht der Kinder ist es wahrscheinlich so wie für Rebecca: Sie fühlt sich hilflos und irgendwie angeekelt. Sie hat ihre Mutter in der Stadt gesehen – knutschend mit einem fremden Mann. »Iiieh«, sagt sie, das wollte sie nicht sehen. Sie ist fünfzehn und hat gerade erst angefangen, sich für Jungs zu interessieren – und dann das. Jetzt ist ihr der Mut, sich auf das Parkett der Partnersuche zu wagen, erst mal vergangen. Sie möchte nicht in der gleichen Phase sein wie ihre Mutter. Sie möchte etwas Eigenes. Aber was?

Andererseits: Warum sollten Mütter und Väter sich nicht verlieben? Und nicht auch ihre Liebe mit nach Hause bringen? Sicher ist das nicht grundsätzlich ein Problem. Aber was, wenn die Kinder das komisch finden? Wenn eigentlich sie »dran sind« mit Partnersuche und sich gleichzeitig ihre Eltern wie Teenager benehmen, vielleicht sogar noch – unbewusst – in einen Wettkampf treten mit den Kindern: Wer hat die cooleren Freunde? Wer erlebt mehr? Wer hat das flippigere Leben?

Dann bleibt den Kindern nicht viel anderes übrig, als in die Rolle der Erwachsenen zu schlüpfen. Sie wollen das Verliebtsein und Turteln der Eltern nicht unbedingt so direkt und so provokant mitbekommen. Sie wollen nicht in der gleichen Situation sein wie ihre Eltern und sich womöglich mit ihnen über ihre Liebesabenteuer austauschen. Und sie möchten die Zeit, in der sie »erste zarte Bande knüpfen«, nicht mit den Eltern gemeinsam durchleben. Sie möchten nicht mitbekommen, was die in Liebesdingen tun.

Der Platz des Sich-Ausprobierens, des Provozierens ist besetzt von den eigenen Eltern. Den Kindern fehlt der Raum, sich in einem geschützten Rahmen zu entwickeln und zu erproben. Ist das eventuell für manche Jugendliche ein Grund, früh mit dem Partner eine eheähnliche Beziehung zu führen, wie manche Eltern die Beziehungen ihrer Kinder entsetzt beschreiben?

> Auch Robert möchte ein »cooler« Vater sein. Er lebt von seiner Frau und seiner Tochter Linda getrennt. Als Linda zwölf wird, übernachtet sie mit einer Freundin bei ihm. Robert hat sich etwas Besonderes ausgedacht: Nachts um zwölf, pünktlich zu ihrem Geburtstag, weckt er die beiden und überrascht sie mit einem Glas Sekt. Eine Einweihung in das nächste Lebensjahr. Aber: Das kommt nicht an. Die Mädchen sind müde und nach Sekt ist ihnen auch nicht. Alkohol ist noch gar nicht ihr Thema. Der Vater ist enttäuscht. Er hatte sich das so schön vorgestellt. Er wollte sich besonders großzügig, besonders unkonventionell und besonders locker zeigen. Dabei hatte er die Bedürfnisse der Kinder nicht im Blick, sondern womöglich eher sein Ansehen bei den Mädchen.
> Wie kann es gehen, dass wir uns als Eltern nicht bei den Kindern anbiedern, nicht mit ihnen in Konkurrenz um die Jugend treten und auch nicht darum, wer der Coolste in der Familie ist?

Martina bringt ihrem Fünfzehnjährigen aus Amsterdam Haschisch mit. Der ist völlig begeistert. Seine Freunde auch. Martina zeigt ihnen zudem, wie man den Joint dreht. Sie ist mittendrin. Sie hat ihre Bühne. Aber leider sucht sie ihre Bestätigung auch da, wo sie eigentlich eine klare Haltung einnehmen müsste.

Was ist unser Bedürfnis als Eltern? Und wo können wir es stillen? Besser nicht bei den Kindern. Sie wollen gehalten werden und nicht für die Bedürfnisse ihrer Eltern herhalten müssen. Denn genau das geschieht, wenn Eltern ihre Rolle nicht einnehmen oder die Anerkennung bei ihren Kindern suchen.

Alles dreht sich um Papa

»Wenn mein Vater sich von mir zurückzieht, versuche ich ihn zu verstehen, damit ich selbst weniger traurig bin«, sagt Paula. Eigentlich hat sie ein sehr enges Verhältnis zu ihrem Vater, aber manchmal kommt sie irgendwie nicht an ihn heran. Dann »verkapselt« er sich, wie sie es empfindet. Sie ist einundzwanzig Jahre alt und hat schon viel geschafft in ihrem Leben. Nach einem Jahr an der Uni hat sie ihr Studium unterbrochen und ist nach Lesbos gegangen, um sich dort um die ankommenden Flüchtlinge zu kümmern. Sie hat Kleider sortiert, Spenden gesammelt, Essen verteilt und nachts mit Scheinwerfern umherirrenden Schlauchbooten den Weg zum Strand gewiesen. Gemeinsam mit ihrem Freund hat sie eine Schule für die Kinder aufgebaut und einen provisorischen Kindergarten für die Kleinen. Parallel macht sie Übersetzungen für eine Online-Firma, um ihr Leben dort zu finanzieren. Gemeinsam mit Kolleginnen und Freunden hat sie ein Hilfscamp gegründet. Wenn man mit ihr spricht, wirkt sie sehr erwachsen. Erwachsener als einundzwanzig.

Als sie Pläne machte, von zu Hause wegzugehen, hat sie ihre Eltern erst sehr spät eingeweiht. Sie wusste, dass sie nicht erfreut sein würden darüber. Und so war es auch: Ihr Vater, mit dem sie sehr eng verbunden war, fühlte sich verletzt und von der Tochter verlassen. Er hatte für Paula ein anderes Leben im Kopf. Studieren, arbeiten, vor allem aber in der Nähe bleiben. Das ist erst mal nicht unverständlich. Abschied zu nehmen von den Kindern als Kinder, von dem engen Zusammensein mit ihnen, ist notwendig, aber eben auch schmerzhaft. Paula ist gegangen und hat geweint. Mit ihrem Vater hat sie ausgemacht: Wir schreiben uns jeden Tag eine kurze Nachricht und einmal in der Woche gibt es einen Video-Anruf. Das hat der Vater jetzt ausgesetzt. Paula hat zurzeit noch keine konkreten Pläne zurückzukommen. Sie sieht Sinn in dem, was sie tut, und sie hat Gleichgesinnte gefunden, die es ebenso sinnvoll finden, sich um die Flüchtlinge zu kümmern. Ihr Vater ist darüber, dass sie so weit weg ist und sich jetzt um andere kümmert und nicht bei ihm ist, offenbar so gekränkt, dass er seiner Tochter mitgeteilt hat, er wolle nicht mehr mit ihr schreiben und auch sonst erst einmal auf unbestimmte Zeit keinen Kontakt mehr haben. Er könne das nicht mehr ertragen. Es mache ihn traurig.

Paula ist völlig vor den Kopf gestoßen. Für sie waren die wöchentlichen Gespräche mit den Eltern ein wichtiger Halt und natürlich der Draht in die Heimat. Sie ist wütend – wütend auf den Vater, der das einfach entscheidet, ohne zu fragen, wie es ihr dabei geht, ohne gemeinsam zu überlegen, wie sie ihren Kontakt vielleicht anders gestalten könnten. Und sie ist traurig. Wenn sie traurig ist, versucht sie, ihren Vater zu verstehen, sagt sie, in der Hoffnung, irgendeine Erklärung zu finden, die sie weniger traurig macht.

Paula kennt das Gefühl, dass sich beinahe alles um den Vater dreht und sie als Tochter aus dem Blick der Eltern gerät. Als sie acht oder neun war, war ihr Vater lange Zeit krank, irgendeine undefinierbare Krankheit. Er ging von einem Arzt zum anderen – und die Mutter mit. Ihr Vater stand immer im Mittelpunkt. Paula und ihre kleine Schwester durften nicht laut sein und mussten Rücksicht nehmen. Wie es ihnen ging und was sie beschäftigte, danach wurde nicht mehr gefragt. Bei jeder Mahlzeit ging es im Gespräch einzig um die Krankheit des Vaters. Das Leben der Kinder kam nicht vor im Alltag der Familie. Paula hat sich damals, so oft es ging, zu ihrer Tante verzogen. Die interessierte sich für sie, wollte wissen, was sie beschäftigt, und kochte ihr, wenn sie traurig war, Schokoladenpudding. Auch damals hat sie versucht, ihren Vater zu verstehen. Sie hat versucht herauszufinden, in welcher Stimmung er gerade ist, wie man ihn ansprechen kann, ohne seinen Zorn zu erregen oder als jemand dazustehen, der nicht genug Einfühlungsvermögen in sein Leid hat. In dieser Zeit hat sie Antennen entwickelt. Feine Antennen, damit sie zu jeder Zeit die atmosphärischen Wellen in der Familie auffangen konnte. Sie hat versucht, Stimmungen zu deuten und zu erahnen, wie man sich aus Sicht der Eltern am besten verhält. So hat sie versucht, Halt zu finden, Antworten auf die Frage: Wie muss ich mich verhalten, damit sie zufrieden mit mir sind, damit ich selbst beruhigt sein kann?

Das ist ein Drahtseilakt für Kinder: Es bedeutet, ständig auf Empfang zu sein. Ständig aufzupassen. Ohne Pause. Nichts verpassen zu dürfen und alles richtig zu deuten. Das ist überfordernd. Eine unlösbare Aufgabe.

Paulas Problem heute: Sie weiß nicht, wo sie hingehört. Sie mag ihr Leben auf Lesbos – es fühlt sich so sinnvoll an – und sie liebt ihre Familie. Beidem einen Platz zu geben und frei zu entscheiden, wie ihr weiterer Lebensweg verlaufen soll, ist nicht möglich. Und zwar so lange nicht, wie der Vater ihr Wegsein als gegen sich gerichtet deutet und ihr gekränkt die bedingungslose Zuwendung entzieht.

Soll sie zurückkommen, um die Liebe des Vaters wieder zu spüren? Soll sie dort bleiben, den begonnenen Weg weitergehen und dabei die Sehnsucht und den Schmerz über die entzogene Liebe in Kauf nehmen? Eine freie und gute Entscheidung kann sie nur treffen, wenn die Zuwendung unverbrüchlich ist. Wenn sie weiß: Egal, was ich tue, meine Eltern sind immer für mich da und werden mich nicht mit weniger Zuwendung bedenken, wenn ich meinen eigenen Weg gehe. Denn das muss sie: den eigenen Weg finden, nicht den, den vielleicht ihre Eltern für sie vorgesehen haben. Es kann sein, dass beide Wege Gemeinsamkeiten haben, aber es muss nicht so sein.

Eltern, die viel Aufmerksamkeit brauchen, auch von ihren Kindern, sollten sich klarmachen: Sich Aufmerksamkeit zu wünschen, ist in Ordnung. Aber: Die Kinder sind dafür die falschen Ansprechpartner. Die Frage ist: Was brauche ich als Vater oder Mutter? Und: Kann ich mir das selbst geben oder bei anderen Erwachsenen holen? Vielleicht hilft es auch, Dalís Erkenntnis anzunehmen: »Das größte Übel der heutigen Jugend besteht darin, dass man nicht mehr dazugehört.« Die Wehmut, die wir in dieser Erkenntnis spüren, gehört dazu. Damit müssen wir selbst klarkommen. Aber es wird auch etwas frei. Vielleicht können wir dann für uns schauen: Was ist heute möglich, ohne dass ich mich an meine Kinder oder an meinen Wunsch nach Jugendlichkeit klammern muss?

»Mama, such dir doch mal Freunde!«

Kinder als Ersatzpartner

»Wenn dein Sohn groß ist, mache einen Bruder aus ihm«, sagt ein arabisches Sprichwort – aber bitte nicht vorher! Kinder, die frühzeitig zu Partnern eines Elternteils werden, haben ein Problem. Manchmal ein dickes.

Theo ist einundzwanzig und fühlt sich verantwortlich für seine Mutter. Das war auch schon mit zwölf so. Es fing mit der Trennung seiner Eltern an. Er hatte das Gefühl, mit einem Schlag erwachsen sein zu müssen. Zuerst musste er das Geheimnis für sich behalten, das er mit seinem Vater hatte: Als er mit dem Handy seines Vaters spielte, ploppte dort plötzlich eine sehr eindeutige Nachricht von einer anderen Frau auf. Er war verwirrt und sprach seinen Vater darauf an. Der nahm ihm das Versprechen ab, das niemals seiner Mutter zu erzählen. Irgendwann wurden die Streitereien seiner Eltern aber so heftig, dass sie nicht mehr miteinander redeten. Theo wurde zum Nachrichtenüberbringer und zum Vermittler. Als die beiden sich endgültig trennten, musste er seine Mutter trösten. Sie war traurig. Sie hatte niemanden. Er fühlte vor allem, dass er jetzt für sie da sein musste. Und er musste seine kleine Schwester beschützen. Die sollte es nicht so zu spüren bekommen, dass die Eltern sich hintergehen und sich anfeinden. Die sollte doch eine schöne Kindheit haben.

Theo erzählt, dass seine Mutter viele Beziehungen, auch zu alten Freunden, abgeschnitten habe. Es gab immer nur entweder – oder: Entweder du hältst zu mir oder du bist mit meinem Ex-Mann befreundet. Beides ging für sie nicht. Sie hat niemandem mehr so richtig vertraut. Die meisten haben sich für seinen Vater entschieden. Die Mutter war allein. Zu

Theo hat sie gesagt, das mache ihr nichts aus. Sie habe ja ihn. Er hat gefühlt, dass das nicht stimmt, und er hat die Last auf seinen Schultern gespürt. Die Mutter habe viel geweint und oft nicht geredet. Und wenn sie geredet habe, habe sie ihm ihren Kummer erzählt und über den Vater geschimpft. Also habe Theo aufgepasst auf sie und zu ihr gehalten. Und eine tiefe Enttäuschung dem Vater gegenüber empfunden. Er war an der Seite seiner Mutter, wann immer es möglich war. Nachts hatte er sich zu ihr ins Bett gelegt und ihre Hand gehalten, damit sie nicht so allein war. Er habe ihr zugehört, wie sie über den Vater, über dessen neue Freundin geschimpft habe, wie sie über ihr Unglück klagte. Und er habe Dinge für sie geregelt und organisiert, versucht, sie mit Leuten zusammenzubringen, die Kontakte zu Oma und Opa zu halten, zu verbinden. Dazu kam: Wenn seine Mutter sauer war, sprach sie nicht. Und das konnte unendlich lange dauern. Dann kam sie nie auf ihn zu, sondern schnitt auch die Verbindung zu ihm ab. Das konnte er schwer aushalten, und er hat alles versucht, um sie wieder zum Reden zu bringen. Die jüngere Schwester wurde von den Großeltern aufgefangen. Er blieb dann allein mit der Mutter. Oft hatte er das Gefühl, dass keiner auf ihn schaut. Er fühlte sich immer verlorener. Als er später zum Studium weggegangen ist, konnte er in der neuen Stadt auch nicht so richtig andocken, weil er immer das Gefühl hatte, er müsse nach Hause fahren und bei seiner Mutter sein. Wenn er es nicht tat, war sie traurig, zog sich zurück. Sie war für niemanden mehr zu sprechen. Er habe alles versucht und sei trotzdem oft gegen eine Wand gelaufen, erzählt er. Er habe immer gespürt, dass es ihr nicht gut ging und konnte nichts tun. Manchmal wäre er am liebsten weggelaufen.

Bei Clara war es ähnlich. Ihre Eltern haben sich getrennt, als sie zwei Jahre alt war. Von da an lebte sie bei ihrer Mutter. Zum Vater kam sie gelegentlich am Wochenende. Die Eltern waren sich gegenseitig grundböse. Sie konnten immer weniger miteinander reden. Die notwendigen Übergabetelefonate wurden kühler und unfreundlicher. Und irgendwann mochte Clara auch nicht mehr zum Vater gehen. »Den brauchen wir nicht mehr«, gab die Mutter als Parole aus, »wir brauchen niemanden.« Und sie bekräftigte diese Formel von da an immer wieder, wenn es z. B. darum ging, genug Geld zu verdienen, sich um das Haus zu kümmern, Weihnachten zu feiern. Meist waren sie zu zweit, manchmal kam eine Tante mit ihrem Mann dazu. Clara erlebte die Sorgen ihrer Mutter hautnah. Wenn die Mutter Probleme mit ihren Geschwistern hatte, Ärger mit dem Ex-Mann oder im Supermarkt, wo sie arbeitete, besprach sie es mit ihrer Tochter. Sie band sie auch in die Versorgung der kranken Tante mit ein. Wenn die Mutter einen Freund hatte, spürte Clara etwas Entlastung. Es hing nicht so viel an ihr. Auf der anderen Seite war sie in diesen Zeiten nicht so wichtig für die Mutter, sie ließ sie nicht so nah an sich heran. Wenn die Beziehung dann wieder zu Ende war, änderte sich das: Jetzt teilte sie ihren Liebeskummer mit Clara und ließ sie an ihren Gedanken, Ängsten, Wünschen und Plänen teilhaben. Clara fühlte sich groß und wichtig. Sie spürte: »Wenn ich etwas tun kann, gebraucht werde, dann werde ich auch gesehen.« In der Schule klappte es nur so mittelgut. Sie konnte sich nicht richtig konzentrieren, das Lernen fiel ihr schwer. Manchmal war ihre Mutter sehr traurig und lag dann auch tagsüber im Bett. Sie trank viel und wartete auf Clara.

Wenn Clara andeutete, dass ihr etwas zu viel war, wurde sie nicht mehr einbezogen. Dann war sie raus. Sie erfuhr auch nichts mehr. Einmal fand Clara auf dem Tisch einen Zettel. Ihre Mutter schrieb, dass sie eine Auszeit bräuchte und für ein paar Tage ans Meer gefahren sei. Das konnte doch jetzt nicht wahr sein! Clara war fassungslos und bekam Angst. Angst, alleine zu sein, Angst, dass etwas passiert war, Angst, weil die Mutter ihr nichts gesagt hatte. Sie verstand gar nichts mehr. Was war los mit der Mutter? Ging es ihr gut? Sie überlegte: Wen könnte sie jetzt anrufen? Das hätte sie gerne getan, um jemanden zu haben, der hilft und mit dem sie reden kann, bei dem sie sich anlehnen kann, der ihr hilft, die Mutter zu verstehen. Aber wen? Ihre Mutter hatte keine engen Freundinnen. Die Tante hatte selbst Probleme. Sie wusste nicht, an wen sie sich wenden sollte. Also versuchte sie immer wieder, die Mutter auf dem Handy zu erreichen. Es dauerte einen ganzen Tag, bis es ihr gelang. Ihr ginge es nicht gut, aber das würde sich bald bessern, sagte sie. In drei Tagen sei sie zurück. Im Kühlschrank sei genug zu essen. In diesem Moment spürte Clara, dass mit dem Satz: »Wir brauchen niemanden« etwas nicht stimmte.

»Pass auf die Mama auf«

Karl hat noch etwas anderes erlebt. Er hatte einen Auftrag. Der kam zunächst von seinem Vater und war unausgesprochen. Karl spürte ihn, weil der Vater sich zurückzog und ihn nach vorne schob. »Kümmere dich um die Mama«, lautete der Satz, den er wahrnahm und den er befolgte. Seine Mutter trank. Seine Mutter hatte Liebhaber. Gleichzeitig fühlte sie sich als Mutter überfordert. Sie vermittelte Karl Doppelbotschaften: »Komm her, geh weg.« Und sein Vater war schwach. Zu schwach, um seine Frau zu halten. Er hatte Angst vor ihr. Angst, von ihr verletzt zu werden, Angst davor, dass sie ihn verließ, wenn er sich beschwerte. Dann ertrug er lieber die Verletzungen und zog sich zurück oder schaute zu. Und so kam es, dass Karl seine Mutter zu Bett brachte, wenn sie betrunken war, dass er sie pflegte und versorgte, wenn er sie in ihrem Erbrochenen gefunden hatte, dass er ihre Liebhaber kennenlernte, über die er mit dem Vater nicht reden durfte, dass er sogar einmal seine Mutter davor bewahrte, sich das Leben zu nehmen. »Kümmere dich um die Mama« – mit sieben oder acht Jahren. Ein Liebhaber seiner Mutter, der sich von ihrer Krankheit überfordert fühlte, sprach es dann aus: »Pass auf deine Mama auf.« Karl war anscheinend der Einzige, der das schaffte. Die Last und die Bürde kann er heute noch spüren.

Ungleiche Partnerschaft

Dass Kinder für einen Elternteil zum Partnerersatz werden, passiert gar nicht so selten. Oft geschieht das in Familien, in denen die Eltern sich getrennt haben, aber nicht nur in diesen. Es ist ein schleichender Prozess, der den Eltern häufig selbst gar nicht so bewusst ist: Sie besprechen jetzt alle ihre Sorgen und Nöte mit dem Kind und beziehen es in wichtige Entscheidungen mit ein. Sie freuen sich, wenn ältere Kinder sie bei der Erziehung der jüngeren unterstützen, und lassen sie auf erwachsener Ebene an ihren Überlegungen teilhaben.

In der Beratungsstelle erlebe ich diese Dynamik häufig zwischen Mutter und Sohn. Wenn der Vater geht, schlüpft der Sohn, auch von seinem Selbstverständnis her, in die Rolle des Mannes im Haus. Er hilft der Mutter beim Erziehen der kleinen Schwester, leistet ihr Gesellschaft bei Besorgungen, spricht mit ihr über ihre Konflikte mit der neuen Frau des Vaters. Viele Mütter und manchmal auch Väter fühlen sich gerade nach einer Trennung belastet und allein gelassen und sind erst mal froh um jede Unterstützung. Viele sind so mit sich selbst und der Bewältigung der täglichen Dinge beschäftigt, dass sie keinen Blick dafür haben, wie es den Kindern geht und dass die gerade in Rollen geraten, die sie überfordern. Die Unterstützung durch die Kinder entlastet sie und die Rollenverdrehung geschieht derweil unmerklich.

In Familien, in denen Mutter und Sohn allein leben, der Vater nicht so zuverlässig da ist, entsteht oft ein fatales Aufeinander-bezogen-Sein zwischen beiden. Manche Söhne ziehen sich in sich selbst zurück und werden still, andere werden wahnsinnig wütend. Die Wut hat damit zu tun, dass sie spüren, abhängig von der Mutter zu sein, dass sie die Einzige ist, die verlässlich da ist, die aber auch immer da ist, um die man also nicht herumkommt, an die man auf Gedeih und Verderb gekettet ist. Auf die Mutter richten sie daher auch ihre Wut, denn sonst ist ja niemand da. Sie fühlen sich wie gefangen, denn eigentlich wäre es dran, sich langsam von der Mutter zu lösen und in die Welt zu gehen. Manche Mütter haben Angst, sich einen neuen Partner zu suchen, weil sie denken, es gibt keinen Platz dafür. Häufig kümmern sie sich dann aber nicht nur um die Kinder, sondern stützen sich auch gleichzeitig auf sie.

Wenn Kinder in die Rolle des Partners oder der Partnerin rutschen, hat das weitreichende, oft nicht sofort sichtbare Konsequenzen. Die Kinder haben das Gefühl: Wenn sie an Entscheidungen mitwirken, sind sie dann auch dafür verantwortlich. Gleichzeitig spüren sie, dass sie die Dinge noch gar nicht überschauen, die Gefahren noch gar nicht einschätzen können und die Konsequenzen eben auch nicht. Aber sie fühlen sich dafür zuständig. Und sie haben keinen Platz, für sich selbst da zu sein und sich darum zu kümmern, was für sie gerade dran und wichtig ist und gut sein könnte. Sie geraten in eine manchmal schwer zu entwirrende Abhängigkeit. Schwer zu entwirren deshalb, weil das Ganze häufig schleichend und unbewusst passiert. Eltern und Kinder rutschen mit der Zeit immer mehr in diese Partnerschaft hinein, die so gleichberechtigt wirkt und doch so ungleich ist. »Das Kalb trinkt bei der Kuh und nicht die Kuh beim Kalb«, sagte mal eine Kollegin zu mir. Darin wird die Verkehrung, die manche Kinder erleben, ganz gut deutlich.

Der Rocksänger Bruce Springsteen hat eine berührende Autobiografie geschrieben, in der er sich intensiv mit seiner Geschichte und seinen frühen familiären Beziehungen auseinandergesetzt hat und diese sehr selbstkritisch reflektiert. Springsteen hatte ein enges Verhältnis zu seiner Mutter. Er fühlte sich von ihr geschützt und unterstützt. Einerseits. Gespürt hat er auch noch etwas anderes. Nämlich, dass sie sich womöglich bei ihrem Sohn die Liebe holte, die sie bei ihrem Mann vermisste. Sie habe ihn mit Zuneigung überschüttet, schreibt er. Und darin wurde ihm zweierlei bewusst: Sie wollte ihrem Sohn die Liebe geben, die er vom Vater nicht bekam, und gleichzeitig bei ihm die Liebe finden, die sie selbst vom Vater nicht bekam. Ein sicher zwiespältiges Gefühl: einerseits die Liebe, die Wichtigkeit, die Bedeutung zu bekommen und andererseits zu wissen, dass der Vater das spürt. Diese Zuneigung seiner Mutter erregte eher den Argwohn gegen den Sohn und trieb die Eltern noch mehr auseinander. Springsteen selbst spürte, dass er herhalten musste, dass er benutzt wurde als Ersatz. Es ging nicht nur um ihn, sondern auch um die Befriedigung der ungestillten Liebessehnsucht seiner Mutter. Das Verhältnis zu seinem Vater beschreibt Springsteen als gleichzeitig konkurrent und feindselig: Er selbst war der Mann im Haus, den die Mutter so verwöhnte, verehrte und zu dem sie immer hielt, den sie sogar einsetzte, um den Vater aus der Kneipe nach Hause zu holen. Und der Vater empfand den Sohn als Konkurrenz. Er ließ ihn seine Feindseligkeit spüren. Als er einmal mit dem Sohn allein war, schüttete er ihm sein Herz aus. Er zog ihn ins Vertrauen, erzählte von seinem Argwohn, die Mutter hätte einen Liebhaber. Das löste bei dem sechzehnjährigen Bruce ambivalente Gefühle aus: Endlich konnte er seinem Vater nah sein, ihm Mut zusprechen, ihm versichern, dass die Liebe seiner Frau zu ihm ungebrochen sei. Er fühlte sich endlich wichtig für den Vater. »Einer der großartigsten Tage meines Teenagerlebens«[5]. Gleichzeitig war die Situation ihm total unangenehm. Er gehörte da nicht hin. Er wollte nicht zwischen den Eltern stehen, sich nicht entscheiden müssen, zu wem er hält.

»Was glaubst du, wie es mir geht, wenn du mich so erziehst?«

Antonia ist elf Jahre alt und besucht die fünfte Klasse eines Gymnasiums. Die Eltern haben sich getrennt, als sie drei Jahre alt war. Seitdem lebt sie allein mit ihrer Mutter, einer Musikerin, die viel unterwegs ist. Der Vater ist kurz nach der Trennung nach Süddeutschland gezogen und arbeitet dort als Lehrer. Ganz selten fährt Antonia mit ihrer Oma dorthin. Zum Geburtstag schickt der Vater manchmal einen Brief an Antonia.

Die Mutter hatte direkt nach der Trennung einen neuen Freund. Antonia mochte ihn nicht und war froh, als sie sich endlich wieder getrennt hat. Dann kam Dirk, mit dem war sie vier Jahre zusammen. Er zog bei ihnen ein, und Antonia öffnete ihr Herz für ihn. Als Dirk wieder auszog und sich von seiner Mutter trennte, war Antonia beides: traurig und glücklich. Glücklich, weil Dirk und seine Mutter sich in letzter Zeit so viel gestritten hatten, traurig, weil sie mit Dirk und ihrer Mutter zusammen schöne Erlebnisse hatte: zu dritt auf der Kirmes, wie eine richtige Familie. Dirk ist mit ihr

Achterbahn gefahren und hat ihrer Mutter eine Rose geschossen. Als er endgültig ging, verabschiedete er sich nicht von Antonia.

Mit ihrer Mutter hat Antonia häufig Streit, weil Antonia nicht das macht, was sie von ihr möchte. Sie trödelt, braucht lange, bis sie aufsteht und spielt viel an ihrem Handy. Sie isst nur Schokoriegel und Pizza, sie hilft nicht im Haushalt und regt sich schnell auf. Ihre Mutter regt sich auch schnell auf. So fliegen ziemlich häufig die Fetzen. Manchmal knallt Antonia so laut die Tür zu, dass das ganze Haus wackelt und die Fensterscheiben vibrieren. Und es wird geschrien. Auch sehr laut. Antonia schreit. Ihre Mutter schreit. Schon mehrfach haben sich die Nachbarn beschwert. Ansonsten ist Antonia eher ruhig. Und manchmal hat sie Angst. Angst, dass jemand hinter dem Vorhang hockt, Angst auf der Straße auf die Fugen zwischen den Gehwegplatten zu treten, Angst, dass der Mutter etwas passiert, wenn sie mit dem Auto wegfährt. Um sich abzusichern, hat sie Rituale entwickelt. Bevor sie morgens ihr Zimmer verlässt, muss sie den Schreibtischstuhl nach rechts drehen, die Bettdecke doppelt umschlagen, den Computer dreimal berühren und sich mehrmals über die Stirn wischen.

Antonias Mutter rastet aus, wenn sie zu sehr trödelt. Hinterher hat sie oft Schuldgefühle und findet, sie sei keine gute Mutter. Ihre eigenen Eltern hatten wechselnde Partnerschaften, manchmal auch verschiedene Partner oder Partnerinnen gleichzeitig. Als sie dreizehn war, haben sie sich getrennt. Sie war häufig auf sich gestellt. Auch bei ihr zu Hause gab es keine geregelten Mahlzeiten, kein verlässliches Familienleben. Wenn sie Hunger hatte, hat sie sich einen Schokoriegel aus dem Küchenschrank gefischt. »Ich hatte nie ein wirkliches Zuhause«, sagt sie rückblickend. Der Vater hat sie häufig beschimpft, dass sie dumm sei. Mit elf, als sie so alt war wie Antonia jetzt, wollte sie ausziehen und eine andere Familie haben. Endlich ein Zuhause finden.

> Antonias Verhalten triggert bei ihr das Gefühl, nicht zu genügen, eben keine gute Mutter zu sein. Wenn sie dieses Gefühl bekommt, geht es oft mit ihr durch. Sie schimpft und schreit und diskutiert. Wenn dann alles wieder gut ist, kuschelt sie mit Antonia. Häufig ist sie traurig über den Verlust ihres Partners. Dann tröstet Antonia sie. Grundsätzlich ist sie der Meinung, Antonia müsse mehr Verantwortung für ihr Handeln übernehmen. Das fand sie bei ihrem Ex-Partner auch. Was Antonia sich von ihrer Mutter wünscht? »Weniger streiten.« Auch Antonia wünscht sich ein sicheres Zuhause.

Antonias Mutter behandelt ihre Tochter wie eine Partnerin. Sie soll vernünftig sein. Sie soll entscheiden, wann sie das Licht ausmacht, sie soll essen, wenn sie Hunger hat, und sie kann bestimmen, was sie essen möchte. Gemeinsame Mahlzeiten gibt es nicht. Antonia wehrt sich gegen diese Überforderung, indem sie langsam isst, sehr langsam. Und sie versucht, ihre Angst zu besänftigen, indem sie sich eigene Rituale zulegt. Ihr Auftrag: Die Mutter zu stillen, ihren Hunger nach einer Zuflucht. Sie soll funktionieren und so der Mutter das Gefühl vermitteln, dass sie wenigstens eine gute Mutter ist. Sie soll von selbst groß sein und wissen, wie sich eine erwachsene Frau verhält. Aber woher? »Was glaubst du, wie es mir geht, wenn du mich so erziehst?«, hat sie sie einmal gefragt.

»Rede du mit ihm«

Unbewusst geben Eltern Kindern Aufgaben, denen sie selbst nicht gewachsen sind. Und die Kinder geben ihr »Bestes«. »Rede du mit ihm – du kannst das am besten«, sagte meine Mutter, wenn gar nichts mehr ging und mein Vater dichtgemacht hatte, wenn es einen Streit gegeben hatte, an dessen Ende er sich offenbar so fühlte, wie es der Spruch auf dem Aschenbecher weissagte: »Deux filles et la mère, trois diables pour le père.«

Wir waren drei Geschwister, zwei Töchter und ein Sohn. Mein Vater empfand uns manchmal als eine Front gegen sich – und das waren wir wahrscheinlich auch. Wenn er nach einem langen Tag von der Arbeit kam, wollte er schnell dazugehören. Ganz schnell. Das versuchte er häufig, indem er bestimmte. Er wollte sofort mit uns etwas unternehmen: spazieren gehen, schwimmen, frühstücken, uns Vokabeln abhören. Mehr oder weniger gute oder halbgute Ideen. Er fragte nicht. Er schlug vor und wollte es genau so, wie er es sagte. Wir wollten das manchmal nicht. Wir fühlten uns von ihm gedrängt und in unserer Ruhe gestört. Das führte bei ihm nicht dazu, einen Gang runterzuschalten, sondern im Gegenteil: Es trieb ihn an, noch mehr zu drängen. Wir verstanden nicht, dass er eigentlich unsere Nähe suchte, und er verstand nicht, dass wir einen eigenen Willen hatten und dass man ein bisschen Anlauf nehmen musste, um in das Leben zu kommen, das wir führten, wenn er nicht da war. Dann gab es Krach. Und manchmal so heftigen Krach, dass nichts mehr ging. Er schrie herum, wir schrien zurück. Meine Mutter zog sich in sich selbst zurück. Argumentieren half nicht. Irgendwann zog er wutschnaubend ab.
Wir saßen dann am Tisch: bedröppelt, hilflos, wütend. Wir wollten ja auch mit ihm, aber nicht so, dann besser gar nicht. Das hielt meine Mutter nicht aus. Und ich irgendwie auch nicht so richtig. Wir überlegten, was zu tun sei, wie man ihn wieder besänftigen könnte, wer sich am besten eignete, eine Brücke zwischen ihm und der Familie zu bauen, eher noch zwischen ihm und meiner Mutter. Denn das war eigentlich das, was so schwer auszuhalten war: die Angst, die beiden könnten nicht mehr miteinander, er würde weggehen und nicht wiederkommen. Oder meine Mutter würde mit uns weggehen. Die Familie würde zerbrechen. Nach einer Weile, in der wir traurig und ratlos dasaßen, kam dann dieser Satz: »Rede du mit ihm. Du kannst das am besten.« Ich fühlte mich stark und besonders. »Du kannst es am besten.« Und es stimmte in gewisser Weise auch: Ich hatte keine Angst vor ihm. Wir konnten uns streiten. Ich war un-

nachgiebig und es schreckte mich auch nicht, dass er mir, als ich kleiner war, in seiner hilflosen Wut über meine Entschlossenheit schon mal den Po versohlt hatte. Hose runter und auf den nackten Po. Es war, glaube ich, schlimmer für meine Mutter und meine kleine Schwester als für mich. Als ich Jugendliche war, machte er das nicht mehr. Mit fünfzehn hatte ich meinen ersten Freund und kam erst morgens früh nach Hause, um nur kurz meine Schultasche zu holen und mich dann von meinem sechs Jahre älteren Freund mit dem Auto zur Schule bringen zu lassen. Mein Vater hatte eine solche Wut, dass er mich in die Ecke schubste. Ich landete in einem großen Blumenkübel, stand trotzig auf und verließ sofort wieder die Wohnung.

Bei »Rede du mit ihm« war es anders. Der Satz fiel nach einem großen Streit, der alle unglücklich zurückgelassen hatte. Auch mein Vater sehnte sich nach nichts mehr als nach Versöhnung. Er konnte den Streit, den er selbst angezettelt hatte, am wenigsten ertragen. Ich wusste, er war froh, wenn er dann reden konnte. Ich kannte seine Hoffnung auf Frieden. Die nutzte ich, wenn ich ansetzte, in salbungsvollen Worten die Sache noch mal aufzurollen, die unterschiedlichen Sichtweisen zu erläutern, um Verständnis zu werben und gleichzeitig Verständnis für ihn zu zeigen. Denn meine Mutter war so verletzt, dass sie nicht reden konnte. Sie brauchte länger, um den Ärger, die Traurigkeit, die Verletzungen, die sie abbekommen hatte, wieder abzuschütteln. Sie konnte sie nicht rauslassen, sondern speicherte sie. Sie hatte solche Angst vor seiner Aggression, dass sie sich in ihr Schneckenhaus zurückzog. Für meinen Vater eine undurchdringbare Mauer.

Meine Mutter hatte selbst einen Vater gehabt, der manchmal cholerisch sein konnte. Er war Realschulrektor gewesen und auch seine Wutausbrüche hatte seine Frau mehr oder weniger schweigend ertragen. Die beiden Töchter hatten sich das bei ihrer Mutter abgeguckt. Deprimiert, schweigend, maximal grollend reagierten sie auf seine Wutausbrüche. Eine offene Konfrontation war undenkbar. Sie hätte Unheil bedeutet, in beiden Fällen.

Meine Mutter wusste nicht, wie weit die Wut meines Vaters

gehen würde. Es schwebte Gewalt in der Luft. Er hatte schon einmal einen Marmoraschenbecher mit Wucht auf den Wohnzimmerglastisch geworfen. Die tausenden Splitter, der klirrende Donner ließen uns erstarren. Alle hielten einfach nur die Luft an. Minutenlang.

Jetzt kam meine große Stunde: Ich hatte die Macht, die Familie zu retten. Ich konnte meinen Vater besänftigen, ihm beide Seiten noch einmal erklären, ihn ermutigen, sich zu entschuldigen. Ich konnte Versöhnung stiften und meine Eltern wieder glücklich vereinen. Nachdem ich vorher heftig gestritten hatte, war ich jetzt in der Rolle der Retterin, ohne die es nicht ging. Sehr wichtig. Meine Schultern wurden breiter und ich wuchs gefühlt dreißig Zentimeter. Vermitteln, schlichten, Seele streicheln ist heute noch meine Aufgabe. Allerdings: Es gelingt nicht immer, und bei meinen Eltern musste ich irgendwann einsehen, dass ich nichts im Griff hatte. Die salbungsvollen Momente hielten nicht vor. Meine Eltern drifteten trotzdem auseinander, und mein Vater kränkte meine Mutter noch im hohen Alter. Ich konnte daran nichts ändern. Auch wenn ich es immer wollte und eine Zeit lang tatsächlich glaubte, ich könnte es.

»Die Mutter glücklich machen«

Generationengrenzen verwischen. Dafür gibt es deutliche Zeichen, und das nicht erst seit gestern. Die Sozialwissenschaftlerin Ulrike Schmauch machte schon vor 25 Jahren darauf aufmerksam und sie nannte auch die Gründe: Viele Eltern seien offenbar aufgrund persönlicher Krisen wie Trennungen, beruflicher und anderer familiärer Sorgen vermehrt emotional bedürftig. Und sie suchten in hohem Maß Halt an ihren Kindern, die oft ihre verbleibenden nahen Bindungen verkörpern.[6]

Was machen die Kinder mit der Bürde? Die Psychologin Birgit Langebartels führt Kinder- und Jugendstudien für das Kölner Rheingold-Institut durch. Sie stellt ebenfalls fest, dass in heutigen Familien oft zumindest teilweise ein Rollentausch stattfindet. Sie zitiert eine Vierzehnjährige, zu deren Tagesablauf es gehört, abends häufig mit den Eltern fernzusehen, um, wie Langebartels es formuliert, »die Mutter glücklich zu machen«[7]. Da muss ich gleich etwas zu sagen: So bitter das vielleicht manchmal ist, Kinder sind nicht dazu da, ihre Eltern glücklich zu machen. »Die Kuh trinkt nicht beim Kalb.«

Kinder schlüpften in die Elternrolle, weil sie fürchten, dass sonst das Familiensystem zusammenbricht, sagt Langebartels.[8] Das bedeutet, sie fühlen sich dafür verantwortlich, dass die Familienstruktur hält. So entwickelten sie ein sensibles Frühwarnsystem, wenn Streit droht. Und dann beschwichtigen sie, versuchen zu verstehen, zu trösten, zu vermitteln zwischen den Eltern. Manchmal werden sie laut, lauter als die Eltern, um sie zu übertönen. Sie sehen es als ihre Aufgabe, das labile System Familie zu sichern. Zuweilen werden Kinder zum »Ratgeber« und zum »richtungsweisenden Spiegel« für die Eltern. Und darin, dass die Kinder diese überfordernde Aufgabe unbewusst annehmen, liegt die eigentliche Überforderung der Jugend. Diese Überforderung macht Angst. Manche Kinder versuchen sich dieser Aufgabe zu entledigen, indem sie zum »Katastrophenkind« werden, unmögliche Dinge tun und so indirekt verlangen, dass die Eltern ihre Elternrolle selbst übernehmen. Andere Kinder werden krank und versuchen wie Antonia durch Zwänge oder Essstörungen Halt zu finden. So wird die Angst unbewusst an konkrete Handlungen gebunden, um das labile System unter Kontrolle zu bringen. Solche Handlungen sind also ein verzweifelter Lösungsversuch, leider häufig mit verheerender, weil selbstschädigender Wirkung: »Das antisoziale Kind versucht auf die eine oder andere Weise, sanft oder mit Gewalt, die Welt dazu zu bringen, ihre Schuld anzuerkennen«, meint der Kinderarzt und Psychoanalytiker Donald W. Winnicott, »oder es versucht, die Welt dazu zu bringen, den Rahmen wiederherzustellen, der zerbrochen ist«[9]. Das heißt, Kinder, die ausreißen, über alle Stränge schlagen, versuchen ihre Umwelt darauf aufmerksam zu machen, dass etwas nicht stimmt – nicht mit ihnen, sondern mit den Bedingungen, unter denen sie leben. Eine starke Aussage.

Andere Kinder wenden die Aggression, das Unglück gegen sich selbst. Sie klagen über Symptome, die denen vieler Erwachsener ähneln, die an Depression erkranken: Kopfschmerzen, Schlaflosigkeit, äußere Ruhe und innere Aufgewühltheit. Kinder, die ihre Eltern trösten müssen, wenn sie traurig sind, vielleicht über die Trennung vom anderen Elternteil hinwegtrösten müssen, die als Boten benutzt werden, die den Eltern Alkohol oder Tabletten besorgen müssen, um deren Kummer zu »lindern«, fühlen sich in hohem Maß verantwortlich. Sie haben den Eindruck: Ohne mich würde Mama oder Papa abstürzen, ohne mich liefe es eben nicht. Sie fühlen sich mächtig, sie haben eine sehr wichtige Aufgabe, und alles hängt an ihnen. Die Eltern stülpen all ihre Bedürfnisse den Kindern über. Sie schneiden Beziehungen zu anderen Erwachsenen ab, weil sie sich schämen, sich so elend zu fühlen, sich wie ein Kind zu fühlen, das geschaukelt werden muss. Und da sind die Kinder am nächsten dran. Sie erbringen Höchstleistung, die Verantwortung für ein Elternteil zu haben, dafür, dass es nicht abstürzt, nicht allein ist, sich nichts antut. Und das ist nicht leistbar. Neben ihrer Macht empfinden sie gleichzeitig ihre Ohnmacht. Die Kinder spüren, dass sie auf eine Art sehr wichtig sind, alles konzentriert sich scheinbar auf sie. Aber eben auch nicht wirklich. Es geht nicht um sie, und das spüren sie auch. Diese Kinder fühlen sich auf eine gewisse Weise missbraucht. Und das werden sie auch. Manche, die das erleben, fühlen sich sehr erleichtert, wenn die Mutter oder der Vater endlich wieder einen Partner oder eine Partnerin hat. Andererseits werden sie dann auch zur Seite geschoben, werden nicht mehr gesehen, sind nicht mehr so wichtig. Eigentlich müssten sie ihren Eltern sagen: »Mama, such dir doch mal Freunde und vergiss mich dabei nicht. Lass mich einfach nur deine Tochter oder dein Sohn sein.«

»Wenn ihr nicht wollt, dass ich das mache, dann verbietet es mir doch!«

Kinder suchen Halt

»Wir dürfen alles. Sie erlauben alles, aber sie schnallen nix«[10], sagt eine Fünfzehnjährige über ihre Eltern. Wie fühlen sich Kinder, die alle Freiheiten haben und sich unbegrenzten Möglichkeiten gegenübersehen? Alle Freiheiten deshalb, weil die Eltern nicht deutlich Ja oder Nein sagen, weil sie mal so, mal ganz anders entscheiden. Und weil die Eltern das Gefühl haben, sie helfen den Kindern auf diese Weise, sich frei zu entfalten, oder weil sie es einfach nicht schaffen, ihre Meinung durchzusetzen.

»Mama, dann musst du mir das halt verbieten, du bist doch die Mutter«[11] – diesen Satz, den Birgit Langebartels in ihrem Buch »Leben im Leerlauf« zitiert, haben schon einige Jugendliche zu ihren Eltern in ähnlicher Weise gesagt oder ihn zumindest gedacht. Was für eine Aufforderung! Und welcher Wunsch steckt dahinter?

Die vierzehnjährige Carla erzählt von einer Freundin. Die Mutter erlaube alles. Das findet Carla problematisch in ihrem Alter. Klar, man solle zwar viel entscheiden, aber eben nicht alles. Also nachts um vier noch mal rauszugehen, um in eine andere Stadt zu fahren, dazu seien sie einfach noch zu jung. Das könne man machen, wenn man achtzehn sei, aber nicht mit vierzehn, als Mädchen allein auf der Straße. Sie bekomme auch mit, dass die Tochter mit den Eltern streite und die Eltern dann gar nichts dazu sagten, sondern sich das nur anhörten. Am Ende gäben sie »einen Pieps« von sich und sagten: »Rede nicht so mit mir.« Aber in dieser Familie sage das Kind eigentlich schon, wo es langgehe. Das macht aus Carlas Sicht keinen Sinn. Wenn es einen Streit gibt zwischen Eltern und Kind und man wisse, dass die Eltern recht hätten, die sich aber nicht rechtfertigten, dann mache das keinen Sinn, findet sie.

»Meine Freundin, die streitet immer sehr krass mit ihrer Mutter und ich bin da halt manchmal dabei. Ich weiß aber auch nicht so ganz, wie ich mich dann verhalten soll. Einmal ging der Streit, glaube ich, darum, dass sie noch mit mir wegwollte und die Eltern das aber nicht erlaubt haben. Sie hat dann ihre Eltern so lange angeschrien, bis die gesagt haben: ›Geh‹. Das finde ich auch nicht so gut. So löst man ja eigentlich kein Problem, indem man sich nur anschreit und die Eltern dann nachgeben. Die sollen ja eigentlich dem Kind sagen: ›Nein, es ist zu spät, du bleibst hier‹, das macht keinen Sinn. Die müssen sich ja auch um die Kinder kümmern in dem Fall. Dann ist die Aufgabe einfach nicht erfüllt.« »Wie fühlt es sich an, wenn Eltern sich so verhalten?«, frage ich. »Im Nachhinein denke ich: War das richtig? Man weiß es jetzt nicht. Man ist halt so unsicher«, meint Carla. Und sollen denn dann Eltern die Chefs zu Hause sein? »Ja, schon. Also klar, manchmal nervt das und man denkt sich so: ›Nein, das will ich jetzt nicht machen.‹ Aber im Endeffekt ist es schon gut. Ich glaube, man weiß in so einem Alter schon, was richtig für einen ist, aber halt nicht immer. Dann ist es, glaube ich, auch gut, wenn jemand mal auf die Sache draufschaut und das dann entscheidet. Ich glaube, es ist einem nicht so bewusst, aber es nimmt einem schon eine Last.«

»Es ist egal, was ich tue«

Carla spricht für die meisten Kinder und Jugendlichen. Denn wenn jemand draufschaut, was man tut, und manchmal Entscheidungen für einen trifft, ist das auch ein Schutz. Ausschlaggebend ist dabei die Haltung. Wenn Eltern klar Entscheidungen für ihre Kinder treffen, weil sie deren Wohl im Blick haben, sehen, dass sie sonst überfordert sind, ist das für die Kinder das Signal: Ich bin meinen Eltern nicht egal. Es ist ihnen wichtig, dass ich sicher bin.

Und das ist das Gefühl, das manche Kinder haben, wenn sie alles dürfen: Es ist egal, was ich mache. Es ist beliebig. Denn ihre Erfahrung ist: Es gibt keine Resonanz auf ihr Verhalten. Es gibt niemanden, der ihnen hilft, etwas einzuordnen und das, was sie tun, zu reflektieren. Da entsteht bei vielen Kindern und Jugendlichen das Gefühl: Ich bin egal. Ich bin nicht wichtig. Und das ist dramatisch. Kinder, die in diesem Gefühl groß werden, leiden darunter in unterschiedlicher Weise ihr Leben lang, wenn sie es nicht bearbeiten. Marc erzählte mir: »Ich durfte als Kind machen, was ich wollte. Ich konnte weggehen, wann ich wollte, hingehen, wohin ich wollte, nach Hause kommen, wann ich wollte, meine Mutter hat nie etwas gesagt. Mein Vater war weit weg und hat sich nur für meine Noten interessiert.« Marc hat Leistung gebracht. In der Schule war er immer richtig gut, da hat nie jemand etwas sagen können. Heute ist er in einem Hamsterrad gefangen und arbeitet von morgens bis abends. Das Hamsterrad hält ihn, solange es sich dreht. Wenn es anhält, wenn er nicht arbeiten muss, spielt er oder trifft sich mit Freunden. Er versucht in Bewegung zu bleiben, nicht anzuhalten. Wenn er keinen Termin hat, dann sitzt er manchmal in seiner Wohnung und starrt stundenlang vor sich hin und kann nichts machen. Alles erscheint ihm dann sinnlos.

Wann sagen sie endlich »Stopp«?

»Gucken, was geht«, hat mir mal ein Jugendlicher sein Ausloten seiner Möglichkeiten erklärt. »Gucken, was geht« geschieht in der Erwartung, dass irgendwo eine Grenze, eine Orientierung, eine Leitplanke existiert. »Wo ist Schluss?« »Wann sagen sie endlich Stopp?« Kinder brauchen dieses Gefühl, nicht im luftleeren Raum, im Land der unbegrenzten Möglichkeiten zu existieren. Wenn Kinder keine Orientierung haben, können sie sich nirgendwo festhalten und testen aus, wo es endlich Halt gibt.

Das Gefühl: »Wenn du nicht willst, dass ich das mache, dann verbiete es mir doch«, kennt Johann auch. Er erinnert sich an eine Auseinandersetzung mit seiner Mutter, in der es scheinbar um eine Kleinigkeit ging. Die Diskussion entzündete sich an einer Hose. Sie hatte einen Riss und seine Mutter war davon überzeugt, dass er sie wegwerfen müsse. Er selbst war anderer Meinung: »Nein, ich will die auf jeden Fall behalten, denn ich finde das unnötig, dass sie weggeworfen wird.« Es entspann sich ein Disput. Die Mutter entgegnete: »Die Leute könnten uns für schäbig halten.« Das wiederum war für Johann kein Argument: »Das ist mir egal. Wenn ich von irgendwelchen Leuten für schäbig gehalten werde, nur weil ich einen Riss in der Hose habe, ist mir das egal.« Er konnte dieses Argument überhaupt nicht nachvollziehen. Es habe einen Riesenkrach gegeben, in dessen Verlauf dieser Satz hätte fallen können: »Wenn du nicht willst, dass ich das mache, dann verbiete es mir doch.« Wahrscheinlich habe er so etwas sogar gesagt: »Wenn du nicht willst, dass ich diese Hose habe, dann schmeiß sie doch weg.« Also etwas in Richtung: »Dann zwing mich doch!« Am Ende hat die Mutter das auch gemacht. Johann hat klein beigegeben und sich gedacht: »So wichtig ist mir diese Hose dann auch nicht.« Sein eigenes Verhalten, sich so zu streiten, sei eine symbolische Handlung gewesen, um klarzumachen: »Das ist jetzt nicht meine Überzeugung, ich will das nicht tun, aber wenn es dir so wichtig ist, dann setz dich eben durch und zwing mich dazu.« In seinen Augen ist das so ähnlich, wie wenn irgendwelche Demonstranten sagen: »Nein, ich steh jetzt hier nicht freiwillig auf. Wenn ihr mich hier weghaben wollt, dann müsst ihr mich eben wegtragen.« Seine Haltung dahinter war: »Ich protestiere dagegen und vielleicht wehre ich mich sogar, wenn es mir besonders wichtig ist, aber ich werde es auf jeden Fall nicht aus Überzeugung tun. Wenn du willst, dass ich es trotzdem tue, musst du mich zwingen.« Das sei natürlich auch eine Herausforderung für die Eltern, weil sie sich dann durchsetzen müssten oder eben nachgeben, meint Johann. »In meinem Fall wurde nicht nachgegeben, dann habe ich den Kürzeren gezogen. In der folgenden Zeit, wenn ich noch mal so was hatte wie einen kleinen Riss in der Hose, habe ich darauf geachtet, dass ich das verdecke und meine Eltern es nicht unbedingt zu sehen kriegen.«

Letztendlich habe er aufgegeben, weil es ihm zu anstrengend war. »Ein Stück weit war ich enttäuscht, weil ich nicht mit meiner Sache durchgekommen bin. Aber es war dann auch einfach entlastend, weil das Thema durch war. Ich hatte nicht das Gefühl, dass ich verloren habe, sondern ich hatte ja selbst aufgegeben, weil es mir zu anstrengend war. Mir war es letztendlich nicht so wichtig.« Andererseits findet er es auch ein bisschen lustig zu sehen, dass sich diese Sache an einer blöden Hose entzündet hat und nicht beispielsweise daran, dass er demonstrieren geht. »Da sieht man, dass es auch nicht immer die großen Sachen sein müssen, die so was auslösen.«

Johann findet es wichtig, dass Eltern ihre Anweisungen begründen. Sie sollen nicht einfach so etwas verbieten, sondern sagen, warum das sinnvoll ist oder notwendig. Zum Beispiel: »Du musst jetzt ins Bett gehen, weil du sonst morgen müde bist.« Bei der Sache mit der Hose war für ihn allerdings die Begründung seiner Mutter nicht nachvollziehbar.

Kinder wünschen sich Klarheit

Lisa kann erst mal nichts anfangen mit dem Satz: »Wenn ihr nicht wollt, dass ich das mache, dann verbietet es mir doch.« Es sei schon die härteste aller Konfrontationen, meint sie. Bei ihren Eltern ist es so, dass sie ihr entweder etwas verbieten oder ihr abraten. Für sie spricht aus dem Satz »so ein bisschen Verzweiflung«. Oder aber man möchte es darauf ankommen lassen, ob die Eltern es, wenn es hart auf hart kommt, verbieten oder eben nicht. Kinder und Jugendliche, die einen solchen Satz sagen, fühlen sich nach Lisas Ansicht »auf jeden Fall nicht verstanden und haben vielleicht auch weniger Vertrauen zu ihren Eltern«. »Wenn sie ihre Eltern aber auffordern, es ihnen zu verbieten, scheint es ja schon so zu sein, dass sie auf Verbote von Eltern hören«, vermutet sie. Was sie selbst ebenfalls kennt, ist der Wunsch nach Klarheit. Und das hat einen Grund: »Ich mag es auch nicht, wenn meine Eltern sagen: ›Es ist deine Entscheidung‹, mir aber dann alle Nachteile aufzählen und ganz deutlich machen, dass sie das eigentlich gar nicht gut finden. Sie wollen mich dann irgendwie zu einer Sache bewegen und das Ganze verhindern, ohne es mir zu verbieten.« Sie kann sich gut vorstellen, dass am Ende solcher Situationen der Satz steht: »Also entweder ihr verbietet es mir jetzt oder ich darf das jetzt machen, dann hört ihr aber auch auf, mir das madig zu machen.«

Manche Eltern sagen, wenn sie nicht wollen, dass die Kinder etwas tun, einen Satz wie: »Du kannst doch nicht …« Sie appellieren an den Verstand oder an das Gewissen ihres Kindes und hoffen, dass es sich von selbst für die von ihnen bevorzugte Lösung entscheidet. Eigentlich meinen sie »Du darfst nicht«, aber das wollen sie nicht sagen. Die Kinder spüren, dass sie etwas anderes gesagt bekommen, als die Eltern eigentlich beabsichtigen. Das verunsichert sie. Sie müssen raten, was gemeint ist. Das bedeutet, dass sie sich zu der Meinung der Eltern nicht positionieren können, weder dafür noch dagegen. Das ist sehr verunsichernd.

»Ihr seid so larifari«

Martha ist sechzehn. Ein ruhiges Mädchen. Sie ist ganz gut in der Schule, interessiert sich für Handwerkliches und möchte Zahntechnikerin werden. Sie wohnt mit ihren Eltern und ihrer kleinen Schwester zusammen. Ihre Schwester ist alles andere als ruhig. Sie schreit ihre Eltern an, räumt nicht auf, macht nichts im Haushalt und sitzt den ganzen Tag am Computer. Von den Eltern fordert sie Essen und Geld für ihre PC-Spiele. Und das bekommt sie, damit Ruhe ist. Es ist dann auch Ruhe – aber nicht lange. In der letzten Zeit hat sie sich angewöhnt, nicht mehr zur verabredeten Zeit nach Hause zu kommen. Sie kommt und geht, wann sie möchte. Nur zur Schule geht sie nicht mehr. Die Eltern reden auf sie ein, sie führen Gespräche mit den Lehrern, sie schimpfen, sie betteln, sie möge wenigstens in die Schule gehen. Und

sie schreien. All das hilft nichts, sie weigert sich einfach, morgens aufzustehen. Wenn sie geweckt wird, zieht sie die Decke noch fester über den Kopf. Ständig gibt es Streit. Manchmal fliegen dabei auch Gegenstände. Martha hört das Geschrei und macht die Tür hinter sich zu. Aber auch in ihrem Zimmer hört sie es. Sie hat Angst, und es macht sie unglücklich. Sie versucht, mit ihrer Schwester zu reden, es nutzt nichts. Sie spricht auch mit ihrer Mutter darüber. Aber auch das ändert nichts.
Martha macht sich Sorgen. Einmal um ihre Schwester Senta: Was ist, wenn sie nicht in die Schule geht? Dann um ihre Eltern: Was passiert, wenn sie sich weiter so streiten? Um die Familie: Wann gibt es überhaupt noch schöne Momente? Und nicht zuletzt: Was ist eigentlich mit ihr selbst? Alles dreht sich um Senta. Für sie selbst ist kein Platz mehr. Sie könnte nicht auch noch aufdrehen oder sich mal erlauben auszurasten. Das würde das Familiensystem nicht verkraften. Die Eltern streiten sich untereinander schon genug darüber, wie sie mit Senta umgehen sollen. Sie spürt ihre Verzweiflung und ihre Hilflosigkeit. Und sie spürt, dass sie sich selbst möglichst unauffällig verhalten muss. Manchmal fühlt es sich an, als wäre sie auf einem Schiff auf hoher See: kein Land in Sicht und die Wellen schlagen immer höher. Was sie über die Situation denkt: Die Eltern greifen nicht richtig durch. Und das sagt sie ihnen auch: »Ihr seid so larifari.«

»Haltet uns!«

»Macht bitte nicht so einen Eiertanz«, könnte ein Appell Jugendlicher an die Erwachsenen lauten. »Sagt, was ihr denkt. Nehmt eure Erziehungsaufgabe wahr. Haltet uns!« Was wünschen sich Kinder und Jugendliche von ihren Eltern? »Abstand, meine Ruhe, Vertrauen«, antwortet die dreizehnjährige Lola auf diese Frage. »Dass ich immer zu ihnen kommen kann. Manchmal Ruhe«, sagt die ebenfalls dreizehnjährige Gisa und die fünfzehnjährige Emma meint, an ihren Vater gerichtet: »Dass er immer für mich da ist, dass er mich bei wichtigen Entscheidungen, z. B. Zukunftsplänen, unterstützt. Ich finde, ein guter Vater sollte für einen da sein, aber auch Freiheit geben können.«

Kinder und Jugendliche wollen gehalten und losgelassen werden. Sie wollen verstanden und nicht verstanden werden. Sie wollen gesehen und in Ruhe gelassen werden. Sie wollen auf Papas Schoß sitzen und hinaus in die Welt gehen. Ihre Wünsche widersprechen sich scheinbar. Aber sie sind gleichzeitig da, stehen nebeneinander und sind auch gleich wichtig. Kinder brauchen beides. Sie wünschen sich Eltern, die auf sie schauen, sie sehen, sie lieben und sie respektieren. Und respektieren bedeutet: sich nicht über sie lustig machen, sie nicht herabwürdigen, ihnen keine Unwahrheiten erzählen und sie auch nicht überfordern. Sie wollen keine Angst haben, sondern sich sicher fühlen. Dafür brauchen sie Eltern, die ihnen die Wahrheit sagen und auf sie aufpassen.

»Verbietet es mir doch!« Darin schwingt mit: Kinder sagen den Eltern, wie sie sie erziehen sollen. Es klingt paradox. Und das ist es auch. »Wie möchtest du erzogen werden?« – eine absurde Frage. »Woher soll ich das wissen?«, wäre die ehrliche und die passende Antwort. Eine Online-Beratungsstelle für Erziehung bietet moderierte Chats zwischen Eltern und Jugendlichen an. Hier können die Kinder und Jugendlichen sagen, was sie sich von ihren Eltern in puncto Erziehung wünschen, und die Eltern können sagen, was sie sich »im Gespräch mit ihren Kindern wünschen«. Aus meiner Sicht steckt darin ein Denkfehler: Es ist nicht die Aufgabe von Kindern und Jugendlichen, sich darüber Gedanken zu machen, was die Eltern brauchen und sozusagen den Eltern dabei zu helfen, sie zu erziehen. Jedenfalls nicht in dem Sinn: Was würde meinen Eltern denn gefallen?

Wie ist der Appell »Verbietet es mir doch« gemeint? Sicher nicht im Sinn von: »Ich brauche viele Verbote«, sondern: »Ich brauche Klarheit und Orientierung. Vieles kann ich noch nicht überschauen, ihr aber schon. Könnt ihr mir Leitplanken geben und mich beschützen? So kann ich mich in einem geschützten Rahmen ausprobieren. Das ist wichtig, um meinen Weg zu finden und meinen Platz in der Welt.«

Teil 2

Wie Eltern es erleben

»Wenn ihr groß seid, werdet ihr die Welt verbessern«

Der Wunsch, gerettet zu werden

»Jedes Kind ist ein Zeichen der Hoffnung für diese Welt«, sagt ein Sprichwort aus Kamerun. Warum bekommen Menschen Kinder? Warum haben Sie Kinder bekommen? Vielleicht werden Sie antworten: »Weil ich Kinder so liebe« oder »weil ich gern eine Familie haben möchte«, »weil ich selbst eine gute Kindheit hatte« oder »weil ich keine gute Kindheit hatte und es besser machen möchte« oder »weil ein Kind unsere Beziehung krönen soll«. Es gibt noch viele andere Motive, bewusste und unbewusste, warum wir Kinder bekommen: »Zum Fortbestand der Menschheit«, »um Anerkennung zu bekommen«, »man hat etwas geschaffen«, »weil der Partner oder die Partnerin es unbedingt wollte«, »weil ich eine Aufgabe brauchte«.

Ein Kind bestätigt mich selbst

Die ehrlichen Antworten auf diese Frage haben meist einen Bezug zu uns selbst. Es geht nicht um den Fortbestand der Menschheit, um die Rettung der Gesellschaft, es geht um uns. Wir möchten ein Kind oder mehrere. Manche möchten damit – bewusst oder unbewusst – sich und anderen beweisen: Ich bin eine richtige Frau, ich bin ein richtiger Mann. Ich kann das, was eine Frau oder ein Mann natürlicherweise können muss: Kinder gebären, Kinder zeugen.

Kinder bestätigen mich selbst, meine Kraft, meine Potenz. Sie sind der Beweis dafür, dass ich meine naturgegebene Aufgabe als Frau oder als Mann erfüllen kann. Manche möchten auch auf anderem Weg Kinder – ohne einen Mann oder eine Frau. Alles ist möglich. Mutter zu sein, Vater zu sein, das bedeutet etwas. Man ist jemand über sich selbst hinaus: ein Mensch, der noch für jemand anderen zuständig ist. Man ist wichtig.

Kinder als neue Chance für mich

Wie erleben Geschwister, wenn die Mutter schwanger ist und sich ein neues Kind in der Familie ankündigt? »Im Haus ging die Sonne auf«[12], so beschreibt der Sänger Bruce Springsteen in seiner Biografie die Atmosphäre zu Hause, als seine kleine Schwester geboren wird. Es wird hell, es leuchtet, Hoffnung und Lichtblicke halten Einzug auch in einen sonst eher grauen, eintönigen Alltag. »Die Welt steht still«, schreiben manche Eltern in die Geburtsanzeige. Sie sind überwältigt von dem Ereignis, dass ein neuer Mensch in ihre Familie geboren wurde. Was gibt es Größeres? Wenn Kinder auf die Welt kommen, sind sie so unberührt. Unbeschrieben. Wie ein weißes Blatt Papier. Sie haben sich noch keiner Sache schuldig gemacht, alles scheint möglich. Ihnen steht die Welt offen und sie ist heil. Eine wunderbare Folie, auf die wir unsere Träume, Wünsche und Gedanken projizieren können.

Den Kindern stehen alle Türen offen. Und damit auch uns wieder ein bisschen mehr. Schließlich sind sie ja ein Teil von uns. »Wenn man ein Kind bekommt, wird man selbst noch einmal neu geboren«, sagte die Schweizer Philosophin Barbara Bleisch in ihrem Vortrag im Rahmen des Kölner Philosophie-Festivals phil.cologne am 16.9.2020 in der Lutherkirche in Köln. Eine neue Chance – wir können es miterleben und mitleben, dabei sein, wie ihnen vielleicht etwas gelingt, das uns nicht gelungen ist und wahrscheinlich auch nicht mehr gelingen wird.

Sie können all unsere Träume verwirklichen. Die nichtgelebten Wünsche und Vorstellungen bekommen noch einmal eine Chance. In Gedanken fangen wir schon bei Babys an zu spekulieren, was einmal aus ihnen werden wird. Jede ihrer Regungen ist für uns ein Anlass, ihnen eine große Karriere vorauszusagen: Bewegt das Kind besonders grazil die Finger, wird aus dem kleinen Bündel bestimmt ein berühmter Chirurg, verzieht das Mädchen gern das Gesicht, ist ihr eine große Karriere als Kabarettistin in die Wiege gelegt. Der kleine Schreihals wird bestimmt einmal Rapper oder Opernsänger. Und wir selbst sitzen vor unserem geistigen Auge schon mit stolzgeschwellter Brust in der ersten Reihe des Konzertsaals.

Kinder machen uns unsterblich

»Der Sinn des Lebens ist Leben«, hat meine Oma immer gesagt. Sie meinte die Fortpflanzung. Es geht etwas weiter, immer weiter. Sie war Nihilistin, las Nietzsche und Schopenhauer, und ein Glaube an etwas Höheres war ihr fremd. Eine Kollegin fasste die Tatsache, dass Kinder uns von der Suche nach einem Sinn im Leben befreien, in die Worte: »Zwanzig Jahre lang musst du dir keine Gedanken über den Sinn des Lebens machen. Du hast einen: die Kinder großzuziehen und sie dazu zu befähigen, in die Welt gehen zu können.«

»Kinder sind Flügel des Menschen«, lautet ein arabisches Sprichwort. Das Kind gilt als das Symbol für Leben schlechthin. Vielmehr noch: Das Kind gilt als Medizin gegen das Gefühl der Endlichkeit, als sicheres Zeichen für Zukunft, für die tröstliche Vorstellung, dass etwas über uns selbst hinaus bleibt und weiterlebt. Kinder sind ein Schutz gegen den eigenen Tod, ein Versuch, »den Schrecken des Todes abzumildern«, sagt der amerikanische Psychiater und Psychoanalytiker Irvin Yalom in seinem Buch »In die Sonne schauen«. Er schreibt über die Angst der Menschen vor dem Tod und die Versuche, diese Angst zu vertreiben: »Wir projizieren uns durch unsere Kinder in die Zukunft; wir werden reich, berühmt, wachsen sogar an Umfang; wir entwickeln zwanghafte Schutzrituale oder machen uns einen unumstößlichen Glauben an den ultimativen Retter zu eigen«[13].

Kinder als Projekt

Kinder spüren, dass sie gebraucht werden. Sie spüren auch, wenn sie nicht um ihrer selbst willen gebraucht werden, wenn sie Einsamkeit vertreiben, Trost spenden, Sinn stiften sollen. »Ich merke schon, dass Eltern auch die Kinder brauchen, also dass sie jemanden brauchen, über den sie was erzählen können«, formuliert es der zehnjährige Max. »Wenn sie keine Kinder haben, machen sie das über ihre Chefs oder so oder über den Kanzler«[14], meint er. Kinder sind Hoffnung, sie geben dem eigenen Leben einen Sinn, Kinder sind Leben. Das meint auch Jakob mit seiner Aussage: »Erwachsene brauchen Kinder wirklich, ich finde, Mütter sogar noch ein bisschen mehr.«[15] Das sind gewichtige Gründe, alles dafür zu tun, dass es dieses Mal, bei dieser zweiten Chance klappt, dass die Träume jetzt wahr werden. Bewusst und unbewusst versuchen Eltern, die Geschicke ihrer Kinder auf Basis ihrer eigenen reichen Erfahrung zu lenken. Das ist ganz normal. Wir möchten sie vor Fehlern, Schicksalsschlägen, Unheil bewahren, sie schützen und unterstützen. Die Frage ist: in wessen Sinn? Geht es dabei um das Wohl meines Kindes oder um mein eigenes Wohl?

In den meisten Fällen geht es um mein eigenes Wohl, das schreibt jedenfalls der verstorbene dänische Familientherapeut Jesper Juul. In seinem Buch »Leitwölfe sein« veröffentlichte er eine Statistik dazu: Nur etwa dreißig Prozent dessen, was wir als Eltern sagen und tun, geschieht in der Absicht, dem Kindeswohl zu dienen. Die restlichen siebzig Prozent bedienten unser Image, unser Ego und unser Selbstbild. Juul verteufelt das nicht. Doch es gibt ein großes Aber: Es werde zum »Glücksspiel, wenn wir uns nicht wenigstens ansatzweise dieses Unterschieds bewusst sind und wenn unsere Kinder dann nicht so reagieren, als wäre alles, was wir ihnen zu geben versuchen, aus purem Gold«[16]. Denn eins ist klar: Die Kinder spüren, dass es nicht in erster Linie um sie geht und sie reagieren darauf, indem sie rebellieren, dagegen arbeiten und zumindest misstrauisch werden gegenüber ihren Eltern. Juul zitiert noch eine weitere Statistik und die wiederum kann uns als Eltern auch Gelassenheit geben: In allen Kulturen sind Kinder etwa fünfundsechzig Prozent der Zeit ungehorsam. Und das sind die Momente, in denen sie entweder die Verlässlichkeit der Eltern testen oder es einfach besser wissen als sie. Juul spendet Trost: Es könne sein, dass die Kinder das Image der Eltern beschädigten oder ihr Ego verletzten. Es sei gut, wenn Eltern das als Geschenk der Kinder annehmen könnten. So könnten sie lernen, was Eltern lernen müssen – nämlich zu unterscheiden, ob sie gerade an das Wohl der Kinder oder an ihr eigenes denken. Und dafür sollten sie ihren Kindern danken.

In der Erziehungsberatung und auch bei den Elternabenden meiner Kinder habe ich mehr als einmal von Müttern und Vätern den Satz gehört: »Wir schreiben eine Mathearbeit.« So als würden die Eltern mit an der Schulbank sitzen und schreiben. Sie üben viel mit den Kindern, und wenn die Arbeit zurückgegeben wird, fühlen sie sich selbst bewertet. Sie empfinden es als persönliches Versagen, wenn die Arbeit der Kinder nicht so gut ausgefallen ist. Sie verschmelzen mit ihren Kindern und nehmen ihnen damit ihre Eigenständigkeit. Manche Eltern »feilen« an ihren Kindern und versuchen, sie zu perfekten Menschen zu machen: gut in der Schule, begabt in Musik, sportlich und wohlerzogen. Wohlerzogen – tatsächlich: »Höflichkeit« steht laut Statistik-Portal »statista« (2022) an erster Stelle der Erziehungsziele von Eltern. Ich habe gedacht, ich lese nicht richtig. Wie kommt das? Nichts gegen Höflichkeit, aber das soll das Allerwichtigste sein? Dagegen ermittelte das Bundesministerium für Familie, Senioren, Frauen und Jugend 2009 in seinem Generationenbarometer als wichtigste Erziehungsziele der Eltern Selbstbewusstsein und Selbstvertrauen.[17]

Ein anderes Wort, das Eltern in Elterngruppen häufiger in Bezug auf ihre Kinder sagen: »Er oder sie funktioniert nicht mehr«, so als wäre das Kind ein kaputtes Auto, das in Reparatur muss. »Funktionieren« soll das Kind »gefälligst« – oft übrigens auch der Lebenspartner oder die Lebenspartnerin, sonst bricht das eigene Lebenskonzept zusammen. Dazu passt der Wunsch nach Höflichkeit. Aber was bedeutet das? Die Kinder müssen in ein Raster passen. In unser Raster, damit das Leben, der durchgetaktete Tagesablauf nicht ins Wanken kommt. Auch da gerät die Beziehung zu unseren Kindern aus dem Blick.

Warum machen wir das? Was steht hinter unseren Versuchen, die Kinder so zu formen, dass sie uns gefallen, Befriedigung bringen, glänzen lassen? Dass wir sie so sehr ins Zentrum unseres Lebens stellen, dass sie keine Luft mehr kriegen? Wahrscheinlich gibt es mindestens zwei Gründe: Wir wollen unseren Kindern helfen und sie beschützen. Zweitens und oft unbewusst geht es dabei um uns selbst.

Irvin Yalom erzählt von einer Mutter, die erschüttert darüber ist, dass ihr erwachsener Sohn wegen Drogenmissbrauchs im Gefängnis gelandet ist. Sie ist nicht nur erschüttert, sie ist empört: »Wie kann er mir das antun«, fragt sie. »Ich habe doch alles für ihn getan.« Yalom versteht ihre Sorge und ihr Ohnmachtsgefühl, dass sie jetzt nichts tun kann, um die Situation zu ändern. Seine Empfehlung an sie: Sie müsse sich selbst aus diesem Bild herausnehmen. Der Sohn tut nicht ihr etwas an, es geht dabei nicht um sie. Er selbst ist in eine unglückliche Spirale geraten. Es geht um ihn. Auch das erlebe ich häufig, dass Eltern sich gekränkt, verletzt, beschädigt fühlen, wenn die Kinder etwas tun, was sie nicht gutheißen.

Wie kommt es, dass Kinder für ihre Eltern so zentral sind in ihrem Leben, dass sie sie als Projekt begreifen? Das habe mit der eigenen Angst vor dem Tod zu tun, sagt Yalom: »Kinder stellen für ihre Eltern häufig ein ›Unsterblichkeitsprojekt‹ dar.«[18] Deshalb ist es so wichtig, dass sie Erfolg haben und deshalb machen Eltern – unbewusst – ihr Leben vom Erfolg der Kinder abhängig.

Kommt Ihnen da etwas bekannt vor? Ehrlich gesagt, mir schon. Und gleichzeitig klingt das Wort »Projekt« für ein Kind in meinen Ohren gruselig. Eben weil es die Verbindung, die Beziehung abkoppelt. Es klingt, als seien Kinder etwas, das es zu gestalten gilt wie ein berufliches Projekt. Und doch haben wir als Eltern wahrscheinlich alle etwas davon: von den Wünschen und Träumen für unsere Kinder und damit auch ein bisschen für uns selbst. Träume und Wünsche sind in Ordnung. Fatal ist es, wenn wir deshalb versuchen, die Kinder unseren Träumen folgend zu lenken und sie engzuführen. Wenn sie dafür zuständig werden, unseren Ehrgeiz, unser Ego, unseren Hunger danach, im Glanz der Augen anderer zu stehen, zu befriedigen, sind sie maßlos überfordert. Das ist nicht ihre Aufgabe.

Jesper Juul nennt drei große Risiken, denen »Projektkinder« ausgesetzt sind:

- Wenn die Eltern die Identität des Kindes festlegen und das Kind sich dem anpasst, wird es irgendwann bestürzt feststellen, dass es »gemacht« wurde, dass sein Eigenes keinen Raum bekam, dass es nicht um das Kind als Person ging. Es wird »an irgendeinem Punkt seines Lebens eine schwere Existenzkrise durchmachen«. Und das hat auch Auswirkungen auf den Kontakt zu den Eltern.

- Eine solche Krise kann dazu führen, dass das Kind die Beziehung zu den Eltern vollständig abbricht, da es sich hintergangen fühlt.
- Wenn ein Kind das Projekt seiner Eltern wird, leidet die Beziehung darunter massiv. Das Kind wird »auf ein Objekt« reduziert.

Das macht deutlich, wie wichtig es ist, dass wir es rechtzeitig merken, wenn wir unsere Kinder gemäß unseren Träumen formen wollen. Manchmal ist das gar nicht so leicht, weil sie, wenn sie klein sind, zunächst gerne kooperieren und den Eltern gefallen möchten. Wir denken: »Das funktioniert ja super« und übersehen dabei die Bedürfnisse des Kindes. Was wirklich in ihm vorgeht, spüren wir erst, wenn es nicht mehr »mitmacht«.[19]

Die Anforderungen der Kultur

Wir alle sind geprägt, nicht nur durch unsere Eltern, sondern durch beinahe alles, was uns begegnet ist. Wir atmen unsere ganze Umgebung, Dinge, Menschen, Wetterlagen, Stimmungen ein und verarbeiten sie. Das beschreibt der Komiker Hape Kerkeling am Schluss seines Buches »Der Junge muss an die frische Luft« auf treffende Weise: »Die Antwort ist ganz einfach: Ich bin meine Mutter und mein Vater, meine Großeltern, mein Bruder, meine Tante Gertrud, Tante Lisbeth, Tante Hedwig, Onkel Kurt und Tante Veronika. Ich bin Frau Edelmund, Frau Rädeker und Frau Strecker und viele mehr. Jeder hat mich zu dem gemacht, was ich bin. Und gleichzeitig bin ich auch Tante Lore und die Richtung, in die sie mich im Kinderwagen auf dem Feldweg schiebt. Ich bin die gescheckte Kuh auf der Weide, das gelbe Korn auf dem Feld und der rote Mohn am Wegesrand. Ich bin der schmale Trampelpfad und dessen Ende. Ich bin der wolkenlose Himmel. Ich bin wach.«[20]

Viele Menschen erinnern sich an einen Lehrer oder eine Lehrerin, die für sie wichtig waren, an eine Tante, bei der sie Zuflucht suchen konnten, wenn die Eltern schwierig waren oder nicht da, an einen guten Freund, eine freundliche Nachbarin, an andere Menschen, die sie wahrgenommen und von denen sie gelernt haben, die sie aufgenommen und getröstet, gefördert und mitgeformt haben auf eine bestimmte Weise. Dem achtzehnjährigen Jonas fällt dabei sofort sein Sozialkundelehrer ein. Das sei in der Zeit gewesen, als er anfing, sich für den Klimaschutz zu interessieren. »Er hat uns an Probleme herangeführt und uns gesagt: ›Es gibt Lösungsmöglichkeiten, und ihr könnt etwas tun und etwas verändern.‹«

Auch die Zeit, in der wir leben, prägt uns: Die technische Entwicklung, die digitale Welt, die Vorbilder in den Medien, die wirtschaftliche Situation, die Familienstruktur, die Landschaft. Ebenso die Architektur, in der wir groß werden – Plattenbau, Altbau, Villenviertel oder Bauernhof –, hinterlässt einen »Fußabdruck« in uns. Ebenso haben gesellschaftliche Normen, Schulsysteme und politische Systeme Einfluss auf unser Denken, auf unser Handeln und unser Lebensgefühl.

Was bedeutet das für heute? Was erwartet die heutige Gesellschaft von uns und von unseren Kindern? Nicht nur wir als Eltern und unser Wunsch nach Realisierung unserer ungelebten Träume haben damit zu tun, dass Kinder zum Projekt werden. Selbstverständlich sind die Kinder auch Projekte unserer ganzen Gesellschaft – und wir mit ihnen. Die Psychologin Birgit Langebartels beschreibt den gesellschaftlichen Einfluss heute so: Unsere Kultur gebe das geheime Versprechen, dass alles möglich, alles erreichbar sei. Eltern fühlten diesen Druck und machten ihn sich zu eigen. Die Kinder sollen dann alles erreichen, und die Eltern sind dafür zuständig, dass es gelingt. Das vermittelt ihnen einerseits die Illusion, genau steuern zu können, was aus den Kindern wird. Auf der anderen Seite stehen ein riesiger Aufwand und das Gefühl, Schuld zu haben, wenn das »Projekt« misslingt. Und das ist eine Falle, aus der es keinen Ausweg zu geben scheint: Fördern die Eltern das Kind zu wenig, haben sie Schuld, fördern sie es zu viel, rauben sie ihm die Kindheit und laden wiederum Schuld auf sich.[21]

So haben die Eltern selbst das Gefühl, geprüft zu werden, ob sie gut erziehen und »alles richtig machen«. »Alles richtig machen« ist eine Formulierung, die ich sehr häufig höre, und eine Anforderung, die manche Eltern wahnsinnig unter Druck setzt. Ein perfektes Kind wäre ein Zeichen von perfekten Eltern. Unter perfekten Eltern verstehen sie solche, die ihre Kinder gewähren lassen und ihnen eine unbeschwerte Kindheit ermöglichen, die aber gleichzeitig Kinder haben, die hohe Leistungen erbringen und dabei noch gut gelaunt sind und damit wiederum die perfekten Eltern bestätigen. Widersprüche, die sich nicht auflösen lassen. Eltern und Kinder stehen unter einem Druck, dem sie am Ende nicht gewachsen sind. Ein Druck, der fatale Spuren im Kind und in der Eltern-Kind-Beziehung hinterlässt.

Erwachsene bauen auf die nächste Generation

Es gibt ein Wort in der Gesetzgebung, das heißt »Generationenvertrag«. Dieser ist darauf angelegt, dass die jeweils arbeitende Generation für die Rente der vorhergehenden mit sorgt. Ein ziemlich einfacher »Deal« – wenn er denn funktioniert. Das Problem heute ist: Finanziell gesehen wird das schwierig, weil es immer mehr Alte und immer weniger Junge gibt. Emotional gesehen wirkt der Generationenvertrag durchaus sehr stark. Oft unausgesprochen. Die allermeisten Eltern haben die stille Hoffnung: Mein Kind wird für mich da sein, wenn ich alt bin. Es wird mich besuchen und dafür sorgen, dass es mir gut geht, wenn ich das selbst nicht mehr kann. »Du wirst es dann für mich richten«, das ist die heimliche Hoffnung. Ganz persönlich.

Ein heimliches Verrechnungssystem

»Manchmal habe ich das Gefühl, die Eltern wollen etwas zurückhaben«, eröffnet der fünfundzwanzigjährige Bert mir seine Erkenntnis, die er bei Eltern von Freunden gewonnen hat. Er erlebt, dass hier die Eltern ihre Kinder bezahlen lassen, wenn sie gemeinsam essen gehen oder wenn die Kinder bei ihnen übernachten. Eltern, die nicht bedingungslos Ja sagen, wenn die erwachsenen Kinder sich zu Hause zu Besuch ankündigen. Er erlebt Eltern, die nicht wünschen, sondern fordern. Eltern, die sehr bedürftig sind. Und er erlebt die Kinder, die sich entweder auflehnen und nicht mehr nach Hause fahren oder versuchen, alle Erwartungen der Eltern zu erfüllen. Andere versuchen immer wieder, mit ihren Eltern zu sprechen, um ihre Gefühlslage für sie erkennbar und sichtbar zu machen.

Dieses Gefühl, das Bert in einem Satz zusammenfasst, zeigt sich in Familien in vielen verschiedenen Ausprägungen. Manche Eltern etablieren ein richtiges Verrechnungssystem ihren Kindern gegenüber, schon wenn diese noch klein sind: »Ich tu doch auch so viel für dich«, lautet der erste Teil des Satzes, der zweite beinhaltet die Erwartung: »Dafür möchte ich etwas zurückhaben«, »dann musst du auch etwas für mich tun«. Damit ist nicht gemeint: »Wenn ich dich mit dem Auto zum Fußball fahre, wäre es gut, du würdest nachher noch schnell etwas einkaufen, weil mir die Zeit gerade fehlt.« Gemeint ist ein pauschales Gefühl, eine pauschale Erwartung, die zu jeder Zeit wie aus dem Nichts aufgerufen werden kann. Ein allgemeines Gefühl, wie viel wir als Eltern tagtäglich für unsere Kinder tun. Was ich davon halte: nichts. Gar nichts. Das meiste von dem, das wir tun, tun wir nicht für die Kinder, sondern für uns. Und das allermeiste auch noch unverlangt. Wir tun etwas, das die Kinder weder bestellt noch gefordert haben, und erwarten dafür etwas zurück.

Ich bin da ganz rigoros: Wir wollten diese Kinder. Die meisten sind Wunschkinder. Und wenn nicht, so haben wir dafür gesorgt, dass sie auf die Welt und in unsere Familie kommen. Wir, nicht sie. Und wir haben sehr viel davon. Sie lächeln uns an, sie haben sich uns anvertraut, bedingungslos, sie haben unser Leben reich gemacht. Sie haben genug für uns getan. Unsere Aufgabe ist es, für sie zu sorgen und uns daran zu erfreuen. Wenn es uns keinen Spaß mehr macht und wir das Gefühl haben, dass wir es nicht mehr schaffen können – aus welchen Gründen auch immer –, dann müssen wir uns Hilfe holen, sie im Notfall auch in andere Hände geben. Und: Unsere Aufgabe ist es, für uns selbst zu sorgen. In unserem Sinn und im Sinn der Kinder. Unser Leben wird dadurch reicher und das der Kinder auch. Jetzt werde ich noch moralischer: Das sind wir ihnen schuldig.

Um es einmal ganz klar zu sagen: Wenn wir spüren, dass wir von unseren Kindern »Heilung« erwarten, ist das ein Alarmsignal.

Vielleicht brauchen wir Heilung. Dann müssen wir unbedingt hinschauen und uns auf die Suche nach Linderung unseres alten oder neuen Schmerzes machen. Unbedingt. Allerdings sollten wir nicht bei den Kindern suchen, sondern bei Freunden, bei unseren Partnern oder Partnerinnen, bei Profis. In unserem Sinn und im Sinn der Kinder.

Die (beharrliche) Hoffnung auf Erlösung

Global gesehen gibt es noch größere Hoffnungen, die wir in die Kinder setzen: »Ihr werdet einmal die Welt retten«, das ist ein Grundgefühl, mit dem viele Eltern auf die Jugend, auf ihre Kinder schauen. Darin liegt Stolz, darin steckt aber auch die Haltung: »Wir werden es nicht mehr tun. Es liegt an euch.«

Psychologen und Psychologinnen des Kölner Rheingold-Instituts haben diese Haltung Erwachsener in vielen Tiefeninterviews gefunden. »Kinder gehen auf die Straße, um den Erwachsenen zu sagen, sie sollen die Zukunft ändern. Erwachsene gehen auf die Straße und sagen: Super, was ihr macht, wenn ihr groß seid, werdet ihr das alles ändern«, sagt Stephan Grünewald, der Geschäftsführer von Rheingold, in seinem Artikel »Die geschwänzte Revolte«. Fridays for Future sei ein Weckruf an die Generation der Erwachsenen. Diese täten ihrerseits aber nichts, weil sie die Folgen nicht mehr in dem Maß erleben werden. Die Jugend fühle sich daher allein gelassen. Kinder und Jugendliche halten uns den Spiegel vor: »Wacht endlich auf!«, lautet der Weckruf.

Das klingt auch in einem Gespräch zwischen Leonie Bremer und Matthias von Randow an. Leonie Bremer ist Studentin und engagiert sich bei Fridays for Future. Matthias von Randow ist Hauptgeschäftsführer des Bundesverbands der Deutschen Luftverkehrswirtschaft. Er attestiert ihr im Gespräch ein »Riesenpotenzial« als Studentin für Erneuerbare Energien und junger Mensch, der die Herausforderung des Klimaschutzes »sehr ernst« nehme. Sie antwortet darauf: »Sie wissen, dass die Klimakrise Menschen tötet, soziale Ungerechtigkeit verstärkt und immer mehr Katastrophen auslöst. Jetzt sprechen Sie von unserer Verantwortung, während ich hier sitze und sage, was Sie zu tun hätten. Denken Sie nicht, dass ich damit bereits zu viel Verantwortung von Ihrem Job übernehme?«[22]

Janina, die Mutter der vierzehnjährigen Carla, kennt dieses Grundgefühl, die »innere Staffelübergabe« an die Jungen, ebenfalls: Auf eine Art hofft sie schon, dass die Kinder die Welt besser machen werden. Und dabei sieht sie primär nicht ihre Tochter in der Pflicht, sondern »die Greta Thunbergs und Louisa Neubauers dieser Zeit«. Ob Carla die Welt rette, da sei sie sich nicht so sicher, dafür sei sie noch zu jung und habe zu viel anderes im Kopf. Aber sie selbst unterstütze die Politisierung der Jugend und auch ihrer Tochter. Sie habe deswegen schon die »Süddeutsche« wieder abonniert, weil sie merke, dass Carla dann doch reingucke und lese. Sie findet, dass es mittlerweile viele Jugendliche gibt, die schon »toll politisiert sind«. Ihr Wunsch an ihre Tochter und deren Freunde ist, dass es mehr werden. Fühlt sie sich selbst angesprochen, zur Klima-Demo zu gehen, frage ich sie. »Nein«, sagt sie. »Ich wollte wirklich gern gehen und habe dann gedacht: Das ist Carlas Ding.«

»Ihr werdet die Welt verändern, nicht mehr wir«, der Satz kommt dem achtzehnjährigen Jonas sehr bekannt vor. Er zitiert einen Ausschnitt aus einer Rede von Greta Thunberg, in der sie vehement anklagt, dass die Erwachsenen ihre Hoffnung ausschließlich auf die jungen Leute setzen: »Ihr kommt zu uns und setzt eure Hoffnung auf uns, wie könnt ihr es wagen?« Jonas findet das sehr zugespitzt. Von Zuspitzungen sei er eigentlich nicht unbedingt ein Freund, aber manchmal müsse es eben sein. Er sieht es als gesamtgesellschaftliches Problem. Die Klimakatastrophe betreffe nicht nur die Jugend, »sondern natürlich auch die ältere Generation, vielleicht ein bisschen weniger, weil sie nicht mehr so lange auf diesem Planeten leben wird wie wir«. Aber natürlich habe auch die ältere Generation noch eine Zeit lang mit diesem Problem zu tun. Es sei ja nicht so, dass das erst in dreißig Jahren aktuell werde, »sondern es ist ja schon jetzt da«. Und er fährt fort: »Und deswegen halte ich das für schwierig, zu sagen: ›Die Jugend regelt das schon‹, weil die Jugend es eben nicht allein regelt, das genau ist das Problem.«

Die Jugendlichen von Fridays for Future sagen ganz klar: Wir sind die Jugendbewegung, aber wir sitzen eben nicht in den Parlamenten, wir sitzen nicht in den Rathäusern, wir sitzen nicht in den Konzernen. Wir sind keine Wissenschaftler, wir brauchen die Unterstützung der Gesellschaft, um das Problem zu lösen. Nicht entweder – oder, ihr oder wir, sondern gemeinsam. Jonas weist die Hoffnung der Alten auf Rettung durch die Jugend zurück: »Wenn man dann auf der anderen Seite sagt, ›die Jugend wird das schon regeln‹, dann wird das so nicht funktionieren.«

Wie fühlt es sich an, wenn man hört, dass die Erwachsenen denken: Ihr werdet das schon regeln? Ambivalent, zwischen Macht und Ohnmacht: »Es ist auf der einen Seite tatsächlich so ein bisschen eine positive Überraschung. Es ist eine Art Vertrauen, das einem entgegengebracht wird, natürlich im Sinn von ›ihr macht das schon‹. Auf der anderen Seite ist es auch ein bisschen Empörung. Wir kommen ja jetzt und sagen: ›Es muss was getan werden‹ und dann kommt zurück: ›Ja, macht mal.‹ Da fühlt man sich irgendwie hintergangen.« Tobias Klöck, Vorsitzender beim Bundesjugendring – das ist die Arbeitsgemeinschaft der deutschen Jugendverbände –, formuliert es so: »Junge Menschen stehen unter Druck. Alle wollen etwas von ihnen. Zum Beispiel die Schule, die Arbeitgeber oder die Uni. Und außerdem muss noch die Welt gerettet werden. Das belastet die Jugendlichen.«[23]

Die Rede von Greta Thunberg am 23. September 2019 vor den Vereinten Nationen in New York, auf die Jonas anspielt, klingt wie eine große Anklage der Erwachsenen, der Politiker, der Welt. »Dies ist alles falsch«, sagt sie – empört und ergriffen. »Ich sollte nicht hier sein. Ich sollte in der Schule sein, auf der anderen Seite des Ozeans. Doch ihr sucht Hoffnung bei uns jungen Leuten. Wie könnt ihr es wagen? Ihr habt meine Träume gestohlen und meine Kindheit mit euren leeren Worten. Wie könnt ihr es wagen, eure

Hoffnung auf mich zu setzen? Eine Sechzehnjährige sollte das nicht tun müssen.«

Warum sollen unsere Kinder uns erlösen? Und wovon?

Was ist das, das uns Erwachsene unsere Hoffnung auf sie setzen lässt? Und was ist es, das uns die Hände in den Schoß legen und die Jugendlichen machen lässt? Auch wir haben ambivalente Gefühle: »Ich wollte wirklich gern zur Klima-Demo gehen und habe dann gedacht: Das ist ihr Ding«, sagt Janina, die Mutter der vierzehnjährigen Carla. Wollen Eltern sich nicht einmischen in die Angelegenheiten der Kinder und ihnen »ihr Ding« lassen? Oder ist es Kraftlosigkeit und Resignation? Haben wir uns schon genug abgearbeitet, genug für die Kinder getan, und denken: »Jetzt muss ich mal was zurückbekommen dafür, dass ich mich so krummgelegt habe«? Oder ist es ein ganz altes Gefühl aus unserer eigenen Kindheit: der Wunsch, beschützt, gehalten, bewahrt, gerettet zu werden? Sind wir da selbst zu kurz gekommen und wünschen uns jetzt von unseren Kindern, was wir von unseren Eltern oder den Erwachsenen damals nicht bekommen haben? Sollen die Kinder unsere Welt retten? Alle diese Hoffnungen sind verständlich und müssen gesehen werden, nur haben sie nichts mit unseren Kindern zu tun, sondern sehr viel mehr mit uns selbst und unserer Umgebung.

Wir wollten alles anders machen

Der Wunsch, perfekte Eltern zu sein

Natürlich wollte ich alles anders machen als meine Eltern. Das meiste jedenfalls. Absolut wichtig war es mir, die Freunde meiner Kinder willkommen zu heißen. Das war bei uns zu Hause nicht immer der Fall. Meine Freunde – die meisten waren einiges älter als ich – fuhren Motorrad und manche nahmen Drogen. Sie waren meinen Eltern suspekt. »Was sollen diese älteren Jungs von dir wollen? Sie wollen nur das Eine«, gab mein Vater mir zu verstehen. Das führte natürlich dazu, dass sich die wichtigen Ereignisse in meinem Leben entweder nicht zu Hause abspielten oder dass ich meine Freunde einlud, wenn meine Eltern nicht da waren. Und vor allem: dass ich mich eine Zeit lang zu Hause nicht wirklich zu Hause fühlte, weil ich mich schämte, dass mein Vater manchmal so offen ablehnend meinen Freunden gegenüber war.

Als meine Kinder dann ihre Freunde mitbrachten, hatte ich ehrlich gesagt unterschiedliche Sympathien für sie. Damit verband sich auch meine Meinung darüber, wen ich einen »guten Umgang« für meine Kinder fand und wen nicht. Bei uns wurde keiner rausgeworfen und jeder konnte mitessen. Doch so ganz ließ es sich natürlich nicht verbergen, wen wir besonders mochten und von wem wir dachten, dass es doch ganz gut wäre, wenn diese Freundschaft nicht ewig währen würde.

Es anders und besser als die eigenen Eltern zu machen – Rara, Mutter von zwei Kindern, hat sich das unbedingt vorgenommen: »Ich erinnere mich, dass ich einmal mit meinen Eltern in einem Restaurant war. Ich war vier Jahre alt. Ich habe mit meinen Eltern gegessen und war sehr erfreut, dass die Besitzer des Restaurants ebenfalls bei uns am Tisch gesessen haben. Als weitere, wenige Gäste dazukamen, die sehr persönlich begrüßt wurden, habe ich freudig ausgerufen, wie schön ich es finde, dass nur Freunde das Restaurant besuchen. Für mich war dieser Gedanke total schön, weil alles so vertraut war. Als wir später draußen waren, hat mein Vater mich sehr energisch zurechtgewiesen mit den Worten: ›Das sagst du nie wieder!‹ Ich wusste nicht, warum ich das tun sollte. Er hat mich nicht gefragt, warum ich das gesagt hatte, und auch nicht erklärt, was an meiner Aussage so schlimm gewesen war. Ich war damals total verzweifelt, weil ich damit ja niemandem hatte wehtun wollen. Im Gegenteil. Heute verstehe ich, dass diese Aussage für die Restaurantbesitzer möglicherweise irgendwie peinlich war. Meine Eltern haben sich für mich geschämt. Ich habe offenbar etwas Wahres ausgesprochen, nämlich dass das Restaurant schlecht besucht war. Ich möchte mit meinen Kindern vieles anders machen. Vor allem möchte ich ihnen mehr erklären. Klappt nicht immer im Alltagsstress, aber ich versuche es. Mir wurde nichts erklärt. Das hat mich zum Teil sehr geängstigt.«

»Iiieh, Grenzen«

Als meine Freundin und Kollegin Christel und ich die Anfrage eines Verlages bekamen, ob wir ein Buch darüber schreiben könnten, dass Kinder Grenzen bräuchten, platzte sofort ihre Ablehnung aus ihr heraus: »Iiieh, Grenzen, da will ich nichts mit zu tun haben!« Ich habe sie gefragt: »Wie kommt das?« Ihre Antwort: »Meine Eltern haben mir viele Grenzen gesetzt. Ich habe eine Klasse übersprungen und bin nach einem halben Jahr Gymnasium schon in die sechste Klasse gekommen. Musste also genauso viel lernen wie die Älteren, durfte aber viel weniger. Ich durfte nicht so lange draußen bleiben und nicht so viel allein unterwegs sein. Ich habe ihnen gesagt: ›Wenn ich so viel leisten muss wie meine älteren Mitschülerinnen und Mitschüler, dann will ich auch die gleichen Möglichkeiten und Chancen haben.‹ Also genauso lange wie sie auf Feten bleiben, nachts allein mit dem Fahrrad durch den Wald zurückfahren, nachdem ich einen Freund besucht hatte, usw. Ich habe Grenzen damals als Schikane empfunden, weil meine Eltern es nicht für nötig hielten, diese zu begründen und für mich nachvollziehbar zu machen. Wenn ich eine Tochter hätte, würde ich mit ihr das Gespräch suchen, warum ich mir Sorgen mache, wenn sie nachts allein durch das Waldstück fährt. Vielleicht wären Kompromisse möglich gewesen, Bringen oder Abholen mit dem Auto oder der Vorschlag, dass der Freund besser zu uns kommt. Gespräche ›auf Augenhöhe‹, statt mich kleinzumachen und zu verunsichern.«

Was macht das mit einem Kind, wenn es nicht gefragt wird? Wenn es nicht gehört wird, dem nichts erklärt wird? »Wer über Kinder redet und das Beste für sie will – du sollst es einmal besser haben! –, der sieht über sie hinweg, der über-redet sie«, meint der Erziehungsberater Jan-Uwe Rogge dazu[24]. Das Kind wird ein Gefühl der Ohnmacht, der Wirkungslosigkeit haben: »Ich kann nicht mitgestalten. Für mich gibt es kein Verständnis. Meine Eltern kommen mir nicht entgegen.« Ein Gefühl, das viele heutige Eltern sehr gut kennen. Sie nehmen sich vor, ihren Kindern diese schmerzlichen Erfahrungen zu ersparen. Sie wollen anders erziehen als ihre Eltern. Sie wünschen sich, dass ihre Kinder das nicht erleben müssen. Und gleichzeitig wollen sie etwas für sich: Sie möchten einen eigenen Weg gehen, ihre eigenen Vorstellungen umsetzen, sich aus dem Alten herausentwickeln. Das funktioniert am besten durch Abgrenzung vom Alten. Klar ist also, was sie ablehnen, wie sie auf keinen Fall erziehen möchten: nicht so konservativ, beängstigend, ablehnend, kontrollierend, forcierend, bestimmend und vielleicht auch nicht so grenzenlos wie ihre Eltern. Das ist aus der eigenen Geschichte, aus der erlebten Ohnmacht, die sie empfunden haben, als sie sich ungerecht behandelt fühlten, abgekanzelt, zurückgewiesen, kleingehalten, geängstigt, meist absolut nachvollziehbar.

Pavel ist Vater von zwei Mädchen. Die Ältere, Elisa, ist fünf Jahre alt. Sie kommt Pavel so wenig selbstbewusst vor. Sie schleppt ihre Kuscheltiere überall mit hin. Im Kindergarten spielt sie den Clown, und wenn sie etwas nicht möchte – Zähne putzen, anziehen, zu Bett gehen –, dann schreit sie und hört nicht wieder auf. Pavel fragt sich: Wie kann ich dafür sorgen, dass Elisa selbstbewusster wird? Er habe das Gefühl, dass er als Vater manchmal zu dominant sei und seiner Tochter zu viel abverlange, sagt er. So habe es sein Vater auch gemacht. Aber das möchte er eigentlich gar nicht. Denn: Aus ihm sei zwar etwas geworden, aber die Beziehung zu seinem Vater sei schlecht. Er wünsche sich eine gute Beziehung zu seinen Töchtern.

Der achtzehnjährige Jonas hat von seinen Eltern Erklärungen bekommen, wenn sie ihm Grenzen gesetzt oder etwas verboten haben, und das als sehr hilfreich erlebt. Weil er sich ernst genommen fühlte und weil so klar war: Die Vorgaben meiner Eltern sind nicht willkürlich. Dabei ging es nicht darum, dann auch brav das zu tun, was seine Eltern von ihm verlangten. »Mir wurde selten gesagt: ›Nein, das geht so nicht, weil wir das so sagen.‹ Es wurde mir eigentlich immer gesagt: ›Nein, das geht so nicht aus dem und dem Grund.‹ Es wurde nicht gesagt: ›Geh ins Bett‹, sondern ›Geh ins Bett, sonst bist du morgen müde.‹« Natürlich sei er trotzdem manchmal heimlich auch noch wach geblieben, wenn es zum Beispiel spannender war, zu spielen, als das Licht auszumachen. »Dann habe ich eben wider besseres Wissen einfach weitergemacht und es dann möglicherweise am nächsten Tag bereut.« Die Erklärung der Eltern hat in diesem Fall eine Verbindung geschaffen zwischen ihm und seinen Eltern. Er wusste: Sie sagen das nicht, um Macht auszuüben oder aus Willkür, sondern weil es einen sachlichen Grund dafür gibt. Es ist in meinem Interesse, wenn sie sagen, ich solle jetzt schlafen.

Was war und ist Erziehung?

»Erziehen, das kommt von ziehen«, sagte die Kabarettistin Gaby Köster einmal in einer Talk-Show. Und sie ergänzte: »Ich ziehe doch nicht an meinem Kind.« Sie ist nicht die Einzige, der sich bei dem Wort »Erziehen« die Haare aufstellen. »Ich erziehe doch nicht«, empörte sich ein Vater. »Wenn, dann lebe ich den Kindern vor, wie es gehen kann.«

Erziehen kommt vom lateinischen Wort *educare* und das bedeutet: herausführen, herausziehen, aufziehen und sogar züchtigen. Wer will heute sein Kind »ziehen« oder »züchtigen«? Zum Glück nicht mehr so viele. Körperliche und auch psychische »Züchtigung« sind verboten und zum Glück auch weniger verbreitet als noch vor einigen Jahrzehnten.

Schaut man in die Geschichte der Erziehung, kann man erkennen: Eine lange Zeit bedeutete Erziehung tatsächlich »ziehen« und »züchtigen«. Um 1900 war die sogenannte Schwarze Pädagogik das Mittel, um Kinder großzuziehen. Mit Erniedrigung, Macht, psychischer und physischer Gewalt wurde versucht, den Willen der Kinder zu brechen und sie gefügig zu machen. In den 1920er-Jahren entwickelte der Pädagoge Alexander Sutherland Neill die sogenannte Reformpädagogik. Kinder sollten wertgeschätzt werden, als selbstbestimmte, individuelle Wesen angesehen werden. Neill gründete dazu 1921 in England die Schule Summerhill, eine der ältesten demokratischen Schulen der Welt. Kinder und Lehrkräfte diskutierten wichtige Fragen gleichberechtigt und stellten selbst die Regeln auf, die gelten sollten. Ausnahmen bildeten die Bereiche Gesundheit, Sicherheit, Verwaltung und Drogen. Die Regeln dazu wurden von der Direktion festgelegt. Dieser pädagogische Ansatz führte allerdings eher zu einem Inseldasein der Schule inmitten einer noch immer kinderfeindlichen, autoritären Erziehungsweise.

In den 1940er-Jahren war das Erziehungsleitbild in Deutschland geprägt von der NS-Pädagogik. Kinder sollten mit Härte erzogen werden. Wenn sie schrien oder flehten, sollte dem nicht nachgegeben werden. Hart, gehorsam, stark und zuverlässig sollten sie sein. Kinder erhielten Befehle und Anordnungen. Ihre Wünsche wurden wenig beachtet. Auch meine Mutter hat noch gelernt: »Du musst die Kinder schreien lassen. Das kräftigt die Lungen.« Gegen ihr eigenes inneres Gefühl ist sie dieser Regel, die auch mein Vater hin und wieder vertrat, manchmal gefolgt.

Ende der 1960er-Jahre schlug das Pendel in die andere Richtung aus: Die sogenannte antiautoritäre Erziehung kam auf. Es war die Zeit der Kinderläden: Kinder sollten nicht mehr zu Gehorsam und Disziplin erzogen werden, sondern ihre Persönlichkeit entwickeln können und selbstbewusst werden. Frei von Gewalt sollten sie lernen, mitzubestimmen. Erst im Jahr 2000 wurde in Deutschland die Prügelstrafe tatsächlich verboten.

Manche Erziehungsberaterinnen setzten um 2010 dann wieder auf Stile wie »Führung, Autorität, Leistung«. Der Blick auf die Kinder war häufig abwertend. In Erziehungsratgebern wurde mit der Gefahr gedroht, die von Kindern ausgehen könne: »Wenn wir nicht durchgreifen, werden sie zu Tyrannen.« Kinder wurden als Feinde betrachtet, die es in Schach zu halten gilt mit Strafen, »stillen Stühlen« und harten Konsequenzen für Fehlverhalten. Fatale Erziehungsmethoden, weil die Haltung, die dahintersteht, den Kindern gegenüber ablehnend und angstvoll ist. Dieser Angst versuchte man mit verschiedensten Schemata und Erziehungsprogrammen entgegenzutreten. Kinder sollten klare Regeln befolgen, unabhängig von der persönlichen Situation. Das Fatale daran: Programme und Methoden verhindern Beziehungen. Und zwar deshalb, weil wir uns nicht danach richten, was wir empfinden oder was unser Kind uns für Signale sendet, sondern danach, was das Programm vorgibt. »Schreien lassen, egal, wie sehr mein Kind signalisiert, dass es ihm nicht gut geht.« Dabei ist die Beziehung zwischen Eltern und Kindern so wichtig. Sie ist das Wichtigste und Wirkungsvollste, das wir haben, um ein vertrauensvolles Verhältnis aufzubauen, das auch durch Krisen trägt.

Was jetzt? – Wie erziehen wir dann heute, wenn nicht so, wie wir es von unseren Eltern gelernt haben? Einige Erwachsene wie Rara und Christel erinnern sich, dass ihnen häufig etwas verboten wurde oder sie bestraft wurden, ohne dass sie wussten, warum. Das wollen sie auf keinen Fall für ihre Kinder, aber was dann? Viele Eltern sind sehr verunsichert, wie Erziehung »richtig« geht. Sie wollen nicht streng sein, nicht dirigieren, die Kinder in ihrer Einzigartigkeit respektieren. Sie beziehen sie mehr ein in den Erziehungsprozess, die Kinder können eher selbst über ihre Lebensverhältnisse entscheiden. Eltern diskutieren und erklären. Und das ist gut, wenn auch manchmal anstrengend. Wichtig ist, dass Erklärungen altersgerecht sind. Lange Vorträge über die Kinderköpfe hinweg sind das Gegenteil von »nichts erklären«, haben aber manchmal das gleiche Ergebnis, nämlich dass die Kinder nichts verstehen.

In der Erziehung heute soll – laut Umfragen – zweierlei zusammengebracht werden: Werte wie Selbstständigkeit und eigene Urteilsfähigkeit gewinnen an Bedeutung. Parallel dazu gibt es einen Trend zu traditionellen Erziehungszielen wie Höflichkeit und Sparsamkeit.

Wie geht Erziehung?

»Das Leben der Eltern ist das Buch, in dem die Kinder lesen«, davon war Aurelius Augustinus als Philosoph und Theologe überzeugt. Denn die Ausbildung, die wir in Kindererziehung machen, erhalten wir in der Regel von unseren Eltern bzw. den Erwachsenen, mit denen wir als Kinder zu tun hatten. Da lernen wir: Was macht einen Vater aus? Was eine Mutter? Ist ein Vater fürsorglich, behütend, abweisend, desinteressiert, besorgt, ermutigend? Ist eine Mutter gestresst, liebevoll, wechselhaft, besonders auf die Meinung anderer bedacht? Das lernen wir vom ersten Tag unseres Lebens an. Auch wenn wir es uns anders vornehmen: Das Vorbild unserer Eltern ist erst mal das, was wir haben, und es wirkt auf seine ganz eigene Weise weiter – oft unbewusst. Manchmal sind wir verblüfft, wenn wir mit unseren Kindern sprechen und uns plötzlich sehr an unsere eigenen Eltern erinnert fühlen.

Michael hatte einen Vater, der hauptsächlich gearbeitet hat. Er war selten zu Hause. Und wenn er da war und sich Michael zuwandte, dann hat er ihn bedrängt mit Fragen nach seinen Leistungen: Hast du schon Vokabeln gelernt? Warst du schon mit dem Hund raus? Warum ist der Mülleimer noch voll? Oft gab es Streit. Seine Schwester bekam etwas mehr wohlwollende Zuwendung von ihm. Er konnte einfach mit Frauen besser. Jungs waren Konkurrenz für ihn. Und dazu gehörte auch der Sohn. Seine Mutter verwöhnte Mi-

chael sehr, was sein Verhältnis zum Vater nicht gerade besser machte. Was Michael gelernt hat, wie Vatersein geht: abwesend sein und auf hölzerne, bedrängende, manchmal abwertende Weise in Kontakt mit den Kindern gehen. Und: Männer sind Konkurrenten und nicht unbedingt auf deiner Seite. Väter sind auch Sehnsuchtspersonen. Er hat sich so sehr die Nähe und Wärme seines Vaters gewünscht, ist aber groß geworden mit dem Gefühl: Mein Vater interessiert sich nicht für mich. Für ihn ist alles andere wichtiger als ich. Wenn er mich sieht, dann beäugt er mich oder bedrängt mich mit Forderungen, an deren Ende ich nicht gut dastehe. Aber eine Frage blieb für ihn offen: Wie kümmert sich überhaupt ein Vater liebevoll um seinen Sohn?
Michael wollte seinen Sohn nicht so bedrängen und mehr für ihn da sein. Das Gefühl, die Enttäuschung, die er in sich trug, wollte er nicht weitergeben – und hat es doch getan: Als sein Sohn Jannis geboren wurde, hat Michael viel gearbeitet, er hatte eine leitende Position in einer großen Firma, da hatte er manchmal Sechzehn-Stunden-Schichten. Wenn er zu Hause war, gab es häufig Streit mit seiner Frau darüber, dass er sich so wenig um sie und um Jannis kümmerte. Auch seine Frau hatte genau dieses Gefühl: Mein Mann kümmert sich zu wenig um mich und auch zu wenig um unseren Sohn. Jannis hat sich nach seinem Vater gesehnt, nach seiner liebevollen Seite. Aber die blitzte nur selten auf. Als Jannis erwachsen war, hat er es seinem Vater vorgeworfen: »Du interessierst dich nicht für mich. Ich bin dir egal.« Jannis selbst will es anders machen. Jetzt endlich. In der nächsten Generation. Bewusst richtet er sich Zeiten für seinen Sohn ein. Er fährt mit ihm in den Urlaub, er liest ihm viele Wünsche von den Augen ab.

Der Sohn hat einen Vater, der sich wirklich kümmert, der stolz ist, dass er ein besseres Vater-Sohn-Verhältnis aufbauen konnte als sein eigener Vater. Der Sohn spürt aber auch: Es geht nicht nur um mich. Es geht auch um den Alten, um die Selbstheilung von Jannis. Unbewusst. Das heißt: Es anders zu machen, besser zu machen, reicht nicht. Es ist wichtig, den Unterschied zu sehen: Was hätte ich gebraucht? Und: Was braucht mein Sohn heute? Und: Ist das vielleicht zum Teil etwas ganz anderes als das, was ich damals brauchte?

Andreas ist mit seiner Mutter aufgewachsen. Sie war zwanzig, als er zur Welt kam. Seinen Vater hat er nie kennengelernt. Er ist vor seiner Geburt gestorben. Zu Hause war der Vater kein Thema. Seine Mutter hat nie von ihm gesprochen. Er hatte kein Bild von ihm. Nach der Schule war Andreas auf sich gestellt. Seine Mutter musste arbeiten. So hat er sich selbst Beschäftigung gesucht. Die Nachmittage und manchmal Abende seiner Kindheit und Jugend verbrachte er in der städtischen Bibliothek und im Kino. Manchmal hat er sich drei oder vier Filme hintereinander angeschaut. Für seine Mutter musste er ein guter Unterhalter sein. Er war der Mann an ihrer Seite.

Als er selbst Vater eines Sohnes wurde, war für ihn nicht klar, wie Vatersein funktioniert. Er hatte kein Bild davon, niemand hatte es ihm vorgelebt. Seine Vorstellung war: Wir zwei sind Kumpel. Wir haben Spaß, und jeder macht sein Ding. Er ging davon aus, dass Kinder von selbst lernen, wie Leben geht, so wie es bei ihm gewesen war. Sie brauchen die Eltern dazu nicht. Diese lockere Umgangsweise stieß manchmal abrupt an Grenzen. An seine Grenzen. Wenn sein Sohn Tom etwas nicht konnte oder sich etwas nicht selbst beibringen konnte, wurde er ungehalten: »Das muss man doch können, wieso kannst du das nicht?« Auf die Idee, dass Kinder lernen, indem Eltern ihnen zeigen, wie etwas funktioniert, etwa wie man ein Fahrrad repariert oder einen Text schreibt, ist er nicht gekommen. Seine Ungeduld und sein Genervtsein wiederum haben Tom verunsichert und verletzt. Wenn sein Vater sich so über sein Unvermögen aufregte, ungeduldig wurde und ihn anherrschte, lief Tom weg.

Woher kam die Ungeduld des Vaters? Das Unvermögen seines Sohnes hat bei Andreas schmerzhafte Situationen aus seiner eigenen Kindheit getriggert: Den Schmerz, wenn er seinen Vater vermisste, weil er etwas nicht konnte oder wusste und jemanden gebraucht hätte, der ihm hilft und ihm etwas zeigt. So wusste er auch nicht, wie das geht, Kindern etwas zu zeigen oder Geduld zu haben. Er selbst hat es nicht erfahren und konnte es daher nicht weitergeben. Der eigene Mangel war ihm nicht bewusst. Es war ihm nicht klar, dass seine Ungeduld Tom gegenüber mit seinem Schmerz aus seiner Kindheit zu tun hatte. Tom verhielt sich sehr erwachsen. Er machte nie Ärger. Er bekam aber auch keine Vorgaben. Er musste nicht zu einer bestimmten Zeit zu Hause sein und konnte Computer spielen, solange er wollte. Später hat er einmal gesagt: »Ich hätte mir gewünscht, dass ihr mir Vorgaben macht. Es war so anstrengend, das alles selbst zu entscheiden.«

Was meint eigentlich »erziehen«?

Erziehung ist zielgerichtet, sagen viele Erziehungswissenschaftler. »Planvoll und zielgerichtet« versuchen Erwachsene bei Kindern, »erwünschtes Verhalten zu entfalten oder zu stärken, unter Berücksichtigung der Bedürfnisse und der persönlichen Eigenart des Kindes«. Erwachsene versuchen, »bewusst in den Prozess der Persönlichkeitsentwicklung von Kindern einzugreifen – mit dem Ziel, sie zu selbstständigen, leistungsfähigen und verantwortungsvollen Menschen zu bilden«[25] – so klingt die Definition von Erziehung bei dem Gesundheits- und Erziehungswissenschaftler Klaus Hurrelmann.

Absichtsvoll, das ist für viele ErziehungswissenschaftlerInnen ein wichtiges Merkmal von Erziehung. Was allerdings auf die kindliche Entwicklung wirkt, ist mehr als das absichtsvolle Verhalten der Erwachsenen. Alle Signale, die wir senden, bewusst oder unbewusst, erziehen in einer Weise auch unsere Kinder. »Wir brauchen unsere Kinder nicht zu erziehen, sie machen uns sowieso alles nach«, hat es der Münchner Komiker Carl Valentin salopp formuliert. Die Psychologin Anette Engfer berücksichtigt in ihrer erweiterten Definition absichtsvolle und absichtslose Verhaltensweisen: »Unter elterlichem Erziehungsverhalten wird nicht nur das im Hinblick auf bestimmte Erziehungsziele intentional gedachte Verhalten [...] verstanden, sondern [...] die Summe aller kindbezogenen Verhaltensweisen, die mit oder ohne Beeinflussungsabsicht geäußert werden.«[26]

Folgt man dem Satz von Hape Kerkeling, so erzieht bzw. prägt uns alles, was uns umgibt, eben auch »das gelbe Korn auf dem Feld und der rote Mohn am Wegesrand«. Das heißt: Eltern haben nicht alles in der Hand. Sie können nicht alle Wirkungen auf ihre Kinder steuern. Und das könnte ein entlastender Gedanke sein.

Der Entwicklungspsychologe Jürg Frick geht noch einen Schritt weiter. Er sieht Erziehung als etwas Wechselseitiges. Erziehungspersonen und zu Erziehende reagieren ständig aufeinander, beeinflussen und steuern sich gegenseitig. »Dieser dialektische Prozesscharakter von Erziehung wird häufig – auch von Pädagogen – übersehen und führt deshalb zu großen unbewussten Anteilen auf beiden Seiten«[27], sagt er. Das hieße: Kinder bestimmen ihre Erziehung – bewusst oder unbewusst – mit. Nicht berücksichtigt ist dabei allerdings das Machtgefälle, das heißt, es ist keine gegenseitige Erziehung auf Augenhöhe.

Erziehen positiv sehen

Ich würde das Wort »Erziehen« gern positiv besetzen. Wie wäre es mit: begleiten, unterstützen beim Großwerden, Orientierung und Halt geben, inspirieren, ermutigen. In einen Satz gefasst: Ich übernehme Verantwortung für mein Kind, schütze es und biete ihm gleichzeitig immer mehr Raum, sich selbst zu entfalten. Schritt für Schritt loslassen und die Verantwortung langsam, altersgerecht in die Hände der Kinder übergeben.

Erziehung ist eine Übergangszeit, ein sich ständig wandelnder Prozess. Von dem Verhältnis zwischen Kind und Erwachsenem, Begleiter und Schützling geht die Beziehung langsam in eine erwachsene, sich gegenseitig schützende Beziehung über. Am Ende dreht sie sich sogar um: Wenn die Kinder erwachsen sind, werden sie zu den Begleitern der Eltern.

Der Anspruch, es besser zu machen, ist oft gepaart mit der Angst, etwas falsch zu machen. Das verursacht Stress. Eltern hängen dabei häufig die Messlatte unglaublich hoch. Sie sind getrieben von Fragen wie: Wer beurteilt mich am Ende, wie ich es gemacht habe? Habe ich den Blick meiner Eltern noch im Nacken? Kann ich meinen Ansprüchen genügen? Und kann ich in den Augen der anderen, der Gesellschaft genügen? Bin ich eine richtig gute Mutter, ein richtig guter Vater? Die allermeisten Eltern spüren den Druck. In einer forsa-Studie für die Zeitschrift »Eltern« gaben 59 Prozent an, dass die Ansprüche an Eltern heute höher sind als vor 30 Jahren. Viele glauben, dass sie als Eltern nicht genügen. So sagen drei Viertel der befragten Frauen, dass sie mit sich als Mutter häufig oder gelegentlich unzufrieden sind. Bei den Männern glauben zwei Drittel, dass sie ihrer Vaterrolle nicht wirklich gerecht werden. »Ausreichend gut« reicht nicht und »perfekt« gelingt nicht – nicht, weil die Eltern falsch sind, sondern weil es perfekt eben nicht gibt. »Perfektionismus ist ein Arschloch«, schreibt der Autor Attila Albert. Und er begründet seine These mit schwierigen Erfahrungen in der Kindheit und Jugend. Das Streben nach Perfektionismus habe damit zu tun, dass man sich Liebe und Anerkennung erst verdienen musste und nur etwas wert war, wenn man mehr als die anderen geleistet hat.[28] Perfekt zu sein würde bedeuten, immer liebevolle, zugewandte Eltern zu sein, die ihrem Kind zuhören, es verstehen, dafür sorgen, dass es in die beste Kita, die beste Schule kommt, dass es bestmöglich gefördert wird – »Chinesisch im Mutterleib« zum Beispiel. Es würde bedeuten, dass man immer hinter seinem Kind steht, dafür sorgt, dass es Freunde hat und immer gut gelaunt ist. Beste Bildung, beste Noten und gleichzeitig glücklich – das kann man als Eltern nicht leisten. Das ist nicht zu schaffen und die Frage ist auch: Warum sollten wir das schaffen?

Schaut man sich an, welche Anforderungen an heutige Eltern gestellt werden, womit sie sich auseinandersetzen müssen, ist einsehbar, dass Überforderung beinahe schon vorprogrammiert ist. In der Beratung erlebe ich immer häufiger Eltern, die sich die Elternschaft »genau aufteilen« wollen. Dahinter steht der Gedanke, dass jeder und jede gleich viel Zeit haben soll, sich im Beruf zu verwirklichen, aber auch freie Zeit außerhalb der Familie. In dem Wunsch, sich zu entlasten, liegt der Druck, genau aufzupassen, dass es auch gleich verteilt ist. Dazu kommt der Wunsch, alles perfekt zu machen und den Kindern alles zu ermöglichen. Dieses »Alles« und »perfekt« ist aber nicht zu schaffen. Das Auge dafür, dass es Grenzen gibt, ist wichtig.

Die Psychologin Birgit Langebartels macht in ihrem Buch »Leben im Leerlauf – Die verborgene Logik der Depression« deutlich, dass uns ein gesundes Maß verloren gegangen ist. Ein Maß, das Halt und Begrenzung gibt. Die Erwachsenen seien in hohem Maß verunsichert und fühlten sich in ihrer Rolle als Eltern »konturlos« und »überfordert«. Sie schlussfolgert: »Sie wollen sich nicht schuldig machen und vermeiden es daher gern, eine klare Position zu beziehen.«[29] Ordnungen seien labil, und das wiederum überfordere die Kinder.

Wenn Kinder glücklich werden müssen

Geschichten von unglücklichen Kindern, deren einzige Aufgabe es ist, glücklich zu werden, kenne ich einige. Die von Richard zum Beispiel. Ein junger Mann, der sein Studium mit sehr guten Noten abgeschlossen hat. Jetzt ist er bereit für die Berufswelt. Richard ist ehrgeizig und möchte alles hundertprozentig machen. Er hat zig Bewerbungen geschrieben und wird häufig zu Vorstellungsgesprächen eingeladen. Er entscheidet sich für einen Job in einer großen IT-Firma. Und hier wird er gefordert. Kollegen fallen aus, Richard springt ein, er erledigt mehrere Jobs gleichzeitig. Er arbeitet rund um die Uhr und macht Fehler. Die Chefs kritisieren ihn, machen Druck. Richard arbeitet noch mehr und macht noch mehr Fehler. Seine Freunde sagen ihm: »Mach doch mal halblang!« Richard kann aber nicht halblang und er will auch nicht halblang machen. Seine Mutter hat ihm schon mehrere andere Stellen rausgesucht, auf die er sich bewerben soll. Sie kann es kaum aushalten, dass es Richard nicht so gut geht. Aber er will bleiben, er will seinen Job machen und er will über seine Grenzen gehen. Er isst kaum noch, schläft schlecht, streitet mit seiner Freundin und erzählt seiner Mutter immer wieder, wie schlecht es ihm geht. Manchmal überkommen ihn plötzlich Panikattacken. Das ist auch schon einmal passiert, als er mit dem Auto unterwegs war. Er musste auf den Seitenstreifen fahren. Seine Mutter ist dann gekommen, um ihn abzuholen. Als er mir das in der Beratung erzählt, blickt er plötzlich auf und sagt: »Ich merke in solchen Situationen: Ich will da bleiben, in meiner einsamen Höhle bleiben. Ich will da gar nicht raus. Ich will gar nicht, dass es mir besser geht.« Ausgerechnet das Einzige, was die Mutter von ihm erwartet, verweigert er ihr, nämlich glücklich zu sein. Und er demonstriert es ihr.

Was für eine unglaubliche Ernüchterung für uns Eltern. Wir tun alles für die Kinder, und alles, was sie im Gegenzug tun müssen, ist glücklich zu sein – und das gelingt dann nicht. Die allermeisten Eltern wünschen sich das übrigens für ihre Kinder, dass sie glücklich werden. Aber: für wen? Glücklich werden, damit die Eltern glücklich sind? Das funktioniert nicht. Diese Aufgabe können Kinder nur ablehnen oder eben auf andere Art verweigern.

Richards Mutter ist selbst nicht glücklich. Sie hat Eltern, die nicht dafür gesorgt haben, dass sie sich gut entfalten konnte. Sie hatte früher eine Lese-Rechtschreib-Schwäche und wurde dafür von ihren Eltern immer wieder kleingemacht und kritisiert. Noch heute hofft sie, von ihren Eltern endlich auch einmal gelobt zu werden. Noch heute wartet sie vergeblich darauf. Ihre Kinder sollten anders groß werden. Sie sollten machen können, was sie wollen, sie sollten glücklich werden. Und sie fragt sie bei jeder Gelegenheit, ob das auch so ist. Richard spürt das in ihrer Frage: »Wie geht es dir?« Und er lebt mit dem Gefühl, dass das eigentliche Leben noch kommt, denn das Gefühl, glücklich zu sein, will sich einfach nicht einstellen. In einer Ecke seines Herzens spürt er auch: Es geht gar nicht in letzter Konsequenz um sein Glück, sondern um das Glück der Mutter, das er herstellen soll. Eine große Überforderung. Nicht machbar. Für ihn gibt es nur einen Ausweg: den Auftrag zurückzugeben. »Mama, ich kann dich nicht glücklich machen. Ich muss meinen Weg finden, und es wäre für mich sehr entlastend, wenn du dich um dich selbst kümmern würdest.«

Die Frage ist: Sollen unsere Kinder uns stellvertretend glücklich machen, wenn wir sagen: »Du sollst doch nur glücklich werden«? Geht es eigentlich um unser Glück? Der Wunsch, bessere Eltern sein zu wollen, verstellt uns manchmal den Blick für zweierlei: Was ist eigentlich mit mir und meinem Glück? Und: Was brauchen die Kinder heute wirklich? Möglicherweise etwas anderes als wir.

Am Nasenring durch die Manege

Die Angst, die Liebe des Kindes zu verlieren

Manchmal drehen sich die Verhältnisse um. Kinder werden zu den Personen, die in der Familie das Sagen haben. Eltern zu denen, die darauf schauen, was die Kinder vorgeben, um dann ihr eigenes Verhalten danach auszurichten. Oft passiert es unmerklich. Jeden Tag eine Schleife mehr. Und manchmal nimmt es beängstigende Formen an – für beide, Eltern und Kinder.

Ein »guter Vater«

Eltern möchten heute für ihre Kinder da sein. Väter ganz besonders. Und das ist auch gut so. Sie wollen zeigen, dass es anders geht, als sie es selbst erlebt haben, und sie haben Frauen, die von ihnen erwarten, dass sie sich genauso an der Kindererziehung beteiligen wie sie als Mütter. Dieses Bestreben – in der Realität aus vielerlei Gründen oft kaum umsetzbar – macht sich eine große Arzneimittelfirma zunutze: »Papa, du hast es mir versprochen«, lautet der eindringliche Satz in einem Werbespot. Der Vater ist erkältet, er hustet und niest und wirkt sehr schlapp. Ausgerechnet heute wollte er mit seiner Tochter ins Konzert gehen. Während er elend auf einem Stuhl sitzt, kommt die Tochter ins Zimmer und sieht: Ihrem Vater geht es gar nicht gut. Anstatt ihn zu fragen: »Kann ich etwas für dich tun? Sollen wir die Karten zurückgeben oder jemand anderen finden, der mit mir geht?«, ruft sie empört aus: »Papa, du hast es mir versprochen!« Der Vater sackt noch mehr in sich zusammen. Er fühlt sich schuldig wegen seiner grippalen Symptome. Anstatt um Verständnis für seine Krankheit zu bitten, nimmt er den beworbenen Wirkstoff und geht mit der Tochter abends ins Konzert.

Was ist wohl in ihm vorgegangen? Hat er gedacht: »Ich möchte alles für mein Kind tun, selbst wenn es meine Gesundheit ruiniert, Hauptsache, das Kind ist glücklich und bekommt seinen Willen«? Hätte er sonst ein schlechtes Gewissen gehabt? Oder Angst, nicht der größte, coolste Vater der ganzen Schule, der Straße, der Stadt zu sein? Oder hätte er Sorge, seinem Vaterideal nicht zu entsprechen? Tiefe Furcht, die Liebe des Kindes zu verlieren?
Und was lernt seine Tochter durch sein Verhalten? – »Ich kann meinen Vater zu allem bewegen, ich muss nur laut genug an seinen Wunsch, ein guter Vater sein zu wollen, appellieren, dann krieg ich, was ich möchte. Ich habe ihn in der Hand.« Was sie nicht lernt: wie Mitgefühl, Rücksichtnahme, Respekt vor anderen Menschen geht. Wie sie zurückstehen kann, wenn es die Situation erfordert, und eine andere Lösung findet. Sie lernt nur: Wenn ich quengle, setze ich mich durch. Ich weiß ja, dass mein Vater da zu packen ist. Ich kann meinen Vater am Nasenring durch die Manege ziehen, wenn ich das möchte.

»Schlabber-Eltern«

Auf ganz unterschiedliche Weise kommt es dazu, dass Eltern das Gefühl haben, sie laufen ihren Kindern hinterher. Im Grunde bestimmen sie, wie die Atmosphäre zu Hause ist, wer sich wann wohlfühlen darf oder auch nicht.

Elena ist dreizehn Jahre alt und sieht aus wie sechzehn. Seit einiger Zeit ist sie Punk. Ohne ihre Nadeln, Clips, die hochtoupierte Frisur, den dunklen Kajal um die Augen geht sie nicht aus dem Haus. Dafür steht sie morgens schon um viertel vor sechs auf. Vielmehr stand sie morgens schon um viertel vor sechs dafür auf. Jetzt bleibt sie immer häufiger liegen. Schule – nein danke. Mit ihren Mitschülerinnen kann sie nichts anfangen. Die spielen Verstecken und tauschen noch Glanzbilder. Sie hat keine Verbindung zu ihnen. Mit den meisten Lehrern hat sie es sich verscherzt. Sie mögen sie nicht besonders und trauen ihr ziemlich viel zu: dass sie lügt, klaut, gewalttätig ist und keinen Bock auf Schule hat. Sie hat schon einiges an Abmahnungen erhalten. Eine Klassenkonferenz steht bevor.

Elenas Eltern arbeiten viel, der Vater ist Arzt in einer Klinik, die Mutter ist für einen Spielgerätehersteller tätig und häufig unterwegs. Als Elena zwölf war, ist sie beim Klauen erwischt worden. Sie war mit einer Freundin unterwegs. Als der Kaufhausdetektiv aufkreuzte, hatten die beiden schon einiges eingesteckt. In Elenas Taschen fanden sich: zwei T-Shirts, eine Sonnenbrille, Lippenstift, Kajal, Nagellack und Lederhandschuhe. Mit der Polizei hatte sie schon häufiger zu tun. Vor Kurzem erst wurde sie auf dem Schulklo mit einem Drogenpäckchen erwischt. Ein Lehrer hat sie sofort zum Direktor gebracht, der hat die Polizei eingeschaltet und sie angezeigt. Ein anderes Mal wurde sie aufgegriffen, weil sie mit ihrer Clique Leute im Park angepöbelt und geschubst hat.

Eine Grundschulfreundin von Elena hatte den Eltern schon einmal einen Hinweis gegeben, dass sie möglicherweise mit Drogendealern zu tun habe. Andere Mitschüler hätten beobachtet, dass sie sogar selbst Drogen verkaufe. In den sozialen Netzwerken zeigt sich die Tochter gern mit viel Älteren, die ähnlich aussehen wie sie selbst: dunkel, unnahbar, unheimlich. Wenn Elena sagt, dass sie zu ihrer Freundin fährt, sind die Eltern sich nie sicher, ob sie das wirklich macht. Mittlerweile sind sie dazu übergegangen, dort anzurufen und sie zu kontrollieren. Wenn Elena das mitbekommt, rastet sie aus. Dann knallen Türen, Elena schreit ihre Eltern an und die restliche Woche erscheint sie nicht mehr zum Abendessen.

Elenas Mutter fühlt sich in einer Panikspirale. Sie hat Angst, schläft schlecht und kann eigentlich nur noch Negatives denken. In ihrem Kopf spielt sich immer das Schlimmste ab. Das Gute kann sie kaum noch sehen. Sie fragt sich, warum das so ist. Vor ein, zwei Jahren waren Elenas Schulnoten ganz gut. Jetzt rieselt es Fünfen und Sechsen. Ihre Hauptbeschäftigung findet Elena in den sozialen Netzwerken. Erst vor Kurzem haben die Eltern erfahren, dass sie gemeinsam mit einer Freundin eine Dritte dort wochenlang gemobbt und erniedrigt hat. Als es herauskam, meinte Elena, das hätte doch total Spaß gemacht.

Der Vater ist der Überzeugung, Elena sei nicht gewalttätig. Die Mutter ist sich da unsicher. Sie findet das Verhalten der Tochter sehr bedenklich und traut ihr nicht so richtig. Gleichzeitig fühlt sie sich so abgelehnt von ihr. Dabei wünscht sie sich nichts sehnlicher als einen guten Kontakt. Sie möchte mit ihr reden oder gemeinsam mit ihr etwas unternehmen wie Bummeln oder einen Städtetrip. So tut sie alles, von dem sie glaubt, dass es der Tochter gefallen könnte, nur um ihr nah zu sein. Sie kauft ihr häufig T-Shirts, Schals, Schuhe, Sachen, die punkig sind und von denen sie glaubt, dass Elena sie cool findet. Sie kocht ihr, was sie gerne essen möchte, ganz oft Spaghetti mit Lachs, weil es Elenas Lieblingsessen ist. Sie sucht Filme aus, von denen sie glaubt, dass Elena sie mag, und schlägt ihr vor, sie gemeinsam anzuschauen. Meistens kommentiert Elena das gar nicht, manchmal sagt sie sogar abfällig: »Willst du dich wieder einschleimen?« Ganz selten erntet die Mutter ein Lächeln.

Die Mutter sagt, sie kenne das. Sie habe einen Bruder gehabt, der ganz eng mit ihrer Mutter war. Sie selbst habe sich immer außen vor gefühlt und vor allem so allein. Sie habe früh Drogen ausprobiert und sich selbst Vorwürfe dafür gemacht, dass ihre Mutter sie nicht so nah an sich heranließ und den Bruder immer vorzog. Sie glaubte, die Mutter liebe sie nicht so sehr, weil sie nicht so kuschelig und nicht so angepasst war wie ihr Bruder. Eine Zeit lang habe sie sich auch geritzt.

Der Vater hat eine andere Geschichte: Er hatte einen sehr strengen Vater, der auch nicht davor zurückschreckte, zuzuschlagen. Kommandos und Schläge waren die Erziehungsmethoden, mit denen er groß geworden ist. Vor seinem Vater hatte er Angst. Als er selbst Vater wurde, schwor er

sich: Meine Kinder sollen so etwas nicht erleben. Er wollte eine verständnisvolle und freundschaftliche Beziehung zu ihnen aufbauen. Wenn man ein gutes Verhältnis habe, dann müsse man auch gar nicht so viel erziehen, meint er.
Elena hat noch eine fünfzehnjährige Schwester. »Sie ist ganz anders«, sagt der Vater. Sie müsse nicht erzogen werden. Sie mache, was sie solle, ohne dass die Eltern sich Sorgen machen müssten. Sie gehe in die Schule und erzähle, was sie beschäftigt, mit wem sie sich trifft und wie es ihr geht. Ihr müsse man nichts sagen. Über Elena schüttelt sie nur den Kopf. Die Eltern sagen ihr immer wieder, sie soll sich nicht einmischen, wenn es Streit mit ihr gibt. Als sie einmal wieder nicht verstehen konnte, was in der Familie vor sich ging und wie die Eltern mit der Schwester redeten, platzte es aus ihr heraus: »Ihr seid so Schlabber-Eltern!« Keiner in der Familie fühlt sich zu Hause richtig wohl. Keiner findet Ruhe und kann sich entspannen. Denn es könnte ja immer irgendetwas passieren.

Die Eltern sind in ihren persönlichen Teufelskreisen gefangen. Jeder auf seine Weise. Aus ihren Lebensgeschichten heraus ist es verständlich: Die Mutter, die erfahren hat, wie es ist, außen vor zu sein, möchte diese Gefühle in der Beziehung zu ihrer Tochter auf jeden Fall verhindern. Sie möchte unbedingt eine Ansprechperson für ihre Tochter sein. Sie sehnt sich nach ihrer Nähe und versucht herauszuspüren, was sie tun muss, damit Elena sie nicht aus ihrem Leben wirft. So richtet sie sich oft danach, was bei ihrer Tochter gut ankommen könnte, wann sie ein kleines Fenster aufmacht und sie an sich heranlässt, sie teilhaben lässt. Als Kind in ihrer Herkunftsfamilie fühlte sie sich auch schon nicht als Teil und hat eine Zeit lang vergeblich versucht, mit den anderen Mitgliedern der Familie in Kontakt zu kommen. Der Vater hat gelernt, Erziehung bedeutet entweder, dass Gewalt angewendet oder dass sich gar nicht um die Kinder gekümmert wird. Er wünscht sich nichts mehr, als ein guter Kumpel der Kinder sein zu können. Am liebsten unterhält er sich mit ihnen über Filme oder über Musik und blendet die schwierigen Themen aus.

Zu Hause ist es nicht mehr schön

Es muss einiges passieren, bis Eltern das Gefühl haben: Zu Hause fühle ich mich nicht mehr wohl. Am liebsten bin ich im Büro. In der Beratung erzählen Eltern in der Regel nicht sofort, dass sie und der Rest der Familie von ihrem eigenen Kind herumkommandiert, bedroht und auch körperlich attackiert werden, dass sie vor ihrem Kind Angst haben. Sie schämen sich. Sie haben das Gefühl, als Eltern komplett versagt zu haben. Das Familienleben ist unerträglich geworden. Und sie sehen keinen Ausweg. Häufig kommen diese Ängste durch einen »Nebenbei-Kommentar« in späteren Sitzungen ans Licht: »Er hat mir auch schon mal ein Messer an den Hals gehalten.« Es haben mich schon häufiger Briefe von verzweifelten Eltern erreicht, wie zum Beispiel der Folgende:

> Sehr geehrte Frau Raffauf,
> meine Frau und ich haben einen sechzehnjährigen Sohn. Rafael ist ein Kind, das schon immer schwierig war und sehr viel Aufmerksamkeit brauchte. Seine jüngere Schwester musste immer zurückstecken. Er hat schon häufiger in seiner Wut etwas kaputtgeschlagen. Wenn wir ihn etwa bitten, die Musik leiser zu stellen oder seine Freunde bitten, abends nach Hause zu gehen, beschimpft er uns in übelster Weise und verweist uns seines Zimmers. Er hat bereits einige Male die Hand gegen mich erhoben. Jetzt hat er auch meiner Frau angedroht, dass er sie schlagen werde, wenn sie ihn nicht in Ruhe alles machen ließe, was er wolle. Seine jüngere Schwester zieht sich immer weiter zurück und hat auch mittlerweile Angst vor ihm. Wir haben versucht, uns Hilfe zu holen, in der Erziehungsberatungsstelle und sogar beim Jugendamt.
> Mittlerweile geht er nicht mehr zur Schule. Seine Helden sind in der Hip-Hop-Szene zu finden und er besucht täglich ein Fitness-Studio, das wir ihm finanzieren. Ansonsten spielt er gewaltverherrlichende Spiele an seinem Computer, fordert Essen, das er nicht wieder wegräumt, und wenn er weggeht, wissen wir nicht, wohin und wann er zurückkommt.

In der Beratungsstelle hat man uns gesagt, dass wir ruhig bleiben sollten und versuchen sollten, mit ihm zu sprechen. Freunde von uns sagen, wir müssten ihn rauswerfen. Aber er ist ja erst sechzehn. Wir sind total verzweifelt und haben Angst, dass er mit seinen Gewaltandrohungen ernst macht. Am liebsten würden wir mit unserer Tochter weggehen und nicht mehr zurückkommen.
Vielleicht können Sie sich unsere Verzweiflung vorstellen. Wir brauchen dringend Unterstützung und jemanden, der uns sagt, was wir noch tun können. Wir wissen nicht mehr aus noch ein. Bitte helfen Sie uns.

Kinder wie Rafael sind häufig absolute Wunschkinder, die manchmal unter großen Anstrengungen und verbunden mit vielen Entbehrungen in die Familie kamen. Die Eltern sind dann so glücklich über die Existenz des Kindes, dass sie an diesem Punkt in irgendeiner Weise stehen bleiben. Sie geben ihm die Rolle des Taktgebers, der Taktgeberin und lassen ihn oder sie alles tun. So dirigieren kleine Kinder die ganze Familie. Die Eltern sind ihnen ergeben. Das passiert häufig unmerklich. Andere Eltern verhalten sich stark überbehütend. Sie kontrollieren ihr Kind und trauen ihm nichts zu, bis es irgendwann gegen sie aufbegehrt. Oder es sind Kinder, die nicht wirklich erwünscht waren. Die Eltern waren abwesend und haben das Kind zu sehr sich selbst überlassen. Manchmal ist es auch eine Mischung aus alldem.

Es ist verrückt, dass genau das Gegenteil dessen, was wir eigentlich für und mit unseren Kindern möchten, dann eintritt. Wir sind unsicher, haben Angst, die Liebe des Kindes zu verlieren, etwas falsch zu machen, zu versagen. Nicht wenige Eltern haben von ihren Kindern schon genau diesen Satz gehört, den sie niemals hören wollten: »Ich hasse dich!« Auch ich habe das in einer Phase meiner Pubertät zu meinen Eltern gesagt.

Die Eltern am ausgestreckten Arm der Kinder?

Dass das mit der Erziehung irgendwie von selbst geht, dass man gar nicht bewusst erziehen muss, diese Hoffnung haben manche Eltern – aus unterschiedlichen Gründen. Die Angst, die Liebe des Kindes zu verlieren, kann ein solcher Grund sein.

Kurt ist Vater von drei Kindern. Mit seiner ersten Frau hat er einen Sohn, Philipp, der jetzt sechzehn ist. Mit seiner zweiten Frau hat er zwei jüngere Töchter. »Wir nachpubertieren«, eröffnet er das Gespräch, als er zu mir in die Sprechstunde kommt. Damit meint er sich und seine Ex-Frau. Sie hätten zu vieles einfach laufen lassen bei Philipp. Irgendwie hätten sie gedacht, es gehe von selbst. Nach der Trennung ist er in eine andere Stadt zu seiner neuen Frau gezogen. Philipp lebte meist bei seiner Mutter. Am Wochenende ist er oft bei ihm gewesen, aber das wurde immer schwieriger. Dann ist er meist zurück zu seiner Mutter gefahren. Die Ex-Frau hat immer die Tür offen für den Sohn und erlaubt ihm alles, weil sie ihn so gut versteht in seiner Art zu rebellieren.

Er habe nach der Trennung vor allem immer versucht, in gutem Kontakt zu ihm zu bleiben und ihm keine Vorschriften zu machen, sagt der Vater. Er habe ihn zum Essen eingeladen, extra in asiatische Restaurants, weil der Sohn das »cool« findet. Er sei ein politisch denkender Mensch, gehe zu Klima-Demonstrationen, engagiere sich für »Black lives matter« und sei sehr alternativ. Das findet der Vater wiederum richtig gut. Er nutzt jede Gelegenheit, um den Kontakt zu intensivieren. Er stellt Fragen und lobt ihn und stärkt ihm den Rücken, bei dem, was er tut. Er könne ihn gut verstehen, sagt er, aber trotzdem sei es manchmal schwer, überhaupt das Gespräch in Gang zu halten. Es passiere sehr schnell, dass bei ihm »die Klappe falle«. Der Sohn sei dann desinteressiert oder gelangweilt. Er erreiche ihn nicht. Mittlerweile nehme er verschiedene Drogen und gehe nur noch selten zur Schule. Jetzt sei es an der Zeit, etwas zu unter-

nehmen, meint er. Er wolle ihn so gerne unterstützen, wisse aber nicht, wie.
Philipp spürt, dass sein Vater alles tut, um ihn wohlzustimmen. Er weiß, dass er es in der Hand hat, ob der Kontakt zustande kommt oder nicht. Das spürt er auch nicht erst seit gestern. Es war in den Jahren zuvor auch schon so. Er fühlt seine Macht und die Hilflosigkeit seines Vaters und er nutzt sie. Vielleicht fühlt er sich auch überfordert, die Beziehung zu seinem Vater, den er »wie aus Gummi« erlebt, zu gestalten.

Nicht selten entstehen solche Dynamiken aus einem schlechten Gewissen der Eltern heraus. Sie fühlen sich schuldig, weil sie sich getrennt haben, weil sie zu viel arbeiten müssen und so wenig Zeit mit den Kindern haben. Gleichzeitig fühlen sie sich abhängig von der Zuwendung ihrer Kinder. Aufgrund eigener Krisen, Trennungen, Schwierigkeiten im Beruf oder mit den eigenen Eltern haben sie eine große Sehnsucht danach, sich anzulehnen. Sie suchen Halt und eine stabile Beziehung bei ihren Kindern – manchmal, weil die zu den wenigen Bezugspersonen gehören, die sie haben.

Nina, Mutter einer Tochter, erzählte in der Elterngruppe, wie sie mit ihr zusammenlebt: »Wir haben ein Wohnzimmer, und jede von uns hat ein eigenes Zimmer. Mein Zimmer ist sehr klein. Martha ist zwölf und hat das große Zimmer. Ihr Computer steht allerdings auf dem Wohnzimmertisch. Wenn ich von der Arbeit nach Hause komme, sitzt Martha am Computer und chattet. Ich setze mich dann manchmal daneben, um zu schauen, was sie macht, weil ich ja sonst so wenig mitbekomme.« Dann kocht sie Essen und serviert es Martha am Computer. Martha schaut kurz auf, nimmt sich ihren Teller und vertieft sich weiter in ihre Chats oder Video-Clips.
Die Gruppe ist erstaunt, wie viel Platz die Mutter der Tochter einräumt – in der Wohnung und ihrer Art, sie zu bedienen. Sie selbst hat das Gefühl, dass sie Martha zu wenig gibt.

Emotional. Das versucht sie auf diese Weise auszugleichen. Auch Martha spürt das, und sie nutzt es für sich.

Philipp, Martha und Elena schauen – von außen betrachtet – auf ihre Eltern herab. Sie spüren, dass deren Freundlichkeit, manchmal sogar Unterwürfigkeit mit deren eigener Not und mit ihrem eigenen Bedürfnis nach Zuwendung zu tun hat. Die Eltern wünschen sich, dass sie den Kindern nichts verbieten müssen, dass sie Dinge einsehen. Sie möchten ein harmonisches Verhältnis zu ihnen. Oft haben sie Angst, dass ein Streit Trennung bedeutet oder nicht mehr geliebt zu werden. Dieses »Droh-Szenario« kennen manche Eltern aus ihrer eigenen Geschichte. Und so tun sie alles, um Streit, Trennung, Rückzug zu vermeiden. Doch genau das passiert. Sie stellen den Zustand unbewusst her.

Johanna hat eine zehnjährige Tochter und einen Sohn, der sechs Jahre alt ist. Ihre Tochter nehme sehr viel Raum ein, erzählt sie. Es gebe schon morgens Streit um das Badezimmer und tagsüber darüber, dass sie kein Handy bekomme und auch die Computerzeit sehr eingeschränkt sei. Sie stehe morgens früh auf, wolle in die Schule und fange sofort einen Streit an, weil der kleine Bruder trödele und sie nicht zu spät kommen wolle. Johanna hat das Gefühl, dass ihre Tochter sich von der Familie entfernt. Davor hat sie Angst. Sie selbst hat sich in ihrer Familie oft nicht verstanden gefühlt und ist dann als Kind irgendwann still geworden, hat sich komplett zurückgezogen. Eine schmerzhafte Erfahrung, die sie sich und ihrem Kind ersparen möchte.

In der Regel steht die Angst davor, dass sich mit den Kindern etwas wiederholt, das die Eltern in ihrer eigenen Kindheit erlebt haben, ihnen im Weg, sich stark und selbstbewusst zu fühlen und zu verhalten. Vielleicht ging es dem Vater im Werbespot genauso. Aber was wäre passiert, wenn er gesagt hätte: »Ich bin krank. Mir geht es nicht gut. Ich kann heute nicht mit zum Konzert gehen, obwohl ich das so gerne würde. Aber es geht nicht. Das tut mir leid. Machst du mir einen Tee? Wir können jetzt überlegen, ob wir jemand anderen finden, der mit dir geht, oder wir geben die Karten zurück und suchen uns etwas anderes aus, das wir gemeinsam unternehmen, wenn ich wieder gesund bin.« Die Tochter hätte dann gelernt: Mein Vater versteht, dass ich enttäuscht bin. Und er achtet auf sich. Außerdem ist er gerne bereit, nach einer Alternative für mich zu suchen. Stark und selbstbewusst ist also kein Widerspruch zu liebevoll und empathisch. Kinder spüren die Angst – die eigene und die der Eltern. Hinter ihrem Austesten der Grenzen oder dem Hinausgehen über diese Grenzen steht der Wunsch nach Sicherheit, nach dem Gefühl, aufgehoben zu sein und gehalten zu werden.

Das Kind muss »repariert« werden

Die Angst, den eigenen Schmerz anzuschauen

»Wenn meine Eltern sich mal häufiger gegenseitig angucken würden, dann würden sie nicht die ganze Zeit auf mich schauen«, meint der vierzehnjährige Malte. Kinder sind Seismografen. Sie nehmen Schwingungen in der Familie auf, lange bevor es zu einem großen Erdbeben kommt. Sie spüren es, noch bevor es Worte für das Problem gibt. Sie merken zuerst, wenn etwas nicht stimmt, und sie reagieren, indem sie ausagieren, dass etwas nicht stimmt. Und das ist häufig das erste Zeichen, das Eltern wahrnehmen. Weil es so massiv ist. Im besten Fall kommen sie dann in die Erziehungsberatungsstelle. Häufig fragen sie nicht: Was muss ich mir anschauen, wo muss ich hinschauen? Was habe ich vielleicht falsch gemacht? Was können wir als Eltern besser machen? Stattdessen kommen sie mit der – oft unausgesprochenen – Bitte: »Reparieren Sie mein Kind. Es funktioniert nicht mehr.« Wenn das Kind wieder »funktioniert«, dann ist alles wieder gut, so hoffen sie.

Szenen aus dem Herzen

Seismografen sind wahrscheinlich auch die Kinder von Malena Ernman und Svante Thunberg: Greta und Beata. Zwei Veröffentlichungen geben sehr intime Einblicke in ihr Familienleben: Ein Buch mit dem Titel »Szenen aus dem Herzen« und der Film »Ich bin Greta«. Ich habe das Buch über Greta gelesen und den Film über sie geschaut und war zum Teil erschüttert – erschüttert über verzweifelte Kinder und verzweifelte Eltern. Ich erzähle davon, weil das, was in dieser Familie passiert, so oder ähnlich auch andere Familien kennen.

Malena Ernman, die Mutter von Greta Thunberg, ist Hauptautorin des Buches. Sie schreibt vorwiegend aus der Ich-Perspektive. Ihr Mann Svante und die beiden Töchter kommen ebenfalls zu Wort. Beschrieben wird in diesem Buch die Geschichte von Eltern, die alle Kräfte einsetzen, um ihre beiden Töchter großzuziehen. Sie richten alles darauf aus, sie gut zu schützen und zu beschützen. Gleichzeitig – und das ist das, was in dem Buch nicht gesagt wird –, scheinen sie blind zu sein. Sie schauen nicht auf sich selbst, auf ihren Anteil, den sie daran haben, dass die Verhältnisse so schwierig sind, wie sie sind.

Malena Ernman, von Beruf Opernsängerin, erzählt ergreifend und herzerwärmend, was sie als Eltern mit Greta und auch mit der jüngeren Tochter Beata durchgemacht haben. Dass Greta nicht essen wollte, dass sie nicht mit anderen Menschen außerhalb der Familie sprechen wollte, dass sie in der Schule gemobbt wurde. Die Eltern haben verzweifelt Hilfe gesucht bei Psychologen, Psychiatern, Lehrern, und sie haben Diagnosen erhalten: Selektiver Mutismus, Magersucht, Depression, Asperger-Syndrom. Ein Kind mit vielen psychischen Störungen.

Selektiver Mutismus, das bedeutet, dass Kinder nur mit bestimmten Personen reden, mit anderen nicht. Greta hat eine Zeit lang nur mit Vater, Mutter und Schwester gesprochen. Das große Problem an solchen Diagnosen ist häufig, dass nicht weitergefragt wird. Diagnosen sind zunächst einmal so entlastend, weil sie sagen: Das ist eine Krankheit, niemand hat Schuld – und fertig. Damit ist der Blick verstellt, genauer hinzuschauen.

Warum hat Greta mit niemandem gesprochen? Die Erklärung für mich als Leserin könnte auch eine ganz verständliche, normale sein: Selektiver Mutismus geht häufig mit einer sehr starken Bindung an bestimmte Personen einher. So stark, dass man eben nur mit diesen spricht. Manchmal aus Angst, dass man die Nähe zu den Familienmitgliedern, häufig zur Mutter, verliert, wenn man außerhalb dieses Kreises mit anderen Personen in Kontakt kommt. Man befürchtet, dass Außenkontakte Bindungen innerhalb der Familie gefährden könnten.

Wie kann es dazu kommen? Die Mutter schildert in ihrem Buch, wie die Familie in Gretas Kinderjahren lebt: nur für sich. Nur zu viert. Sie haben sich als Familie in einen Kokon zurückgezogen. Malena arbeitete, sie probte, und die restliche Zeit war die

Familie zusammen. »Frei und ungebunden. Keine Verwandten außer Oma Mona, Svantes Mutter, keine Freunde, keine Abendeinladungen. Keine Feiern. Nur wir«[30], schreibt sie über einen Sommer. Und an anderer Stelle: »Die Kinder und die Arbeit. Das ist alles, wofür unsere Kraft reicht.«[31] Sie erwähnt ihre eigene Sozialphobie, die sie dazu trieb, dass sie selbst nach jedem Auftritt schneller wieder auf dem Fahrrad saß, um nach Hause zu kommen, als das Publikum aus dem Theater kam. Die ganze Familie gerät in dieser Zeit in eine Art selektiven Mutismus. Wie soll Greta anderes lernen? Wie soll sie lernen, dass Kontakte zur Außenwelt interessant, belebend und bereichernd sein können?

Und dann die Essstörung. Das ist eine komplizierte Angelegenheit, die sehr gefährlich werden kann. Greta wollte nicht mehr essen oder nur ganz bestimmte Dinge und nur ganz langsam. Essstörungen haben häufig mit einem starken Bedürfnis nach Selbstbestimmung zu tun, damit, dass die Betroffenen das Gefühl haben: »Wenn ich schon selbst nichts kontrollieren kann, dann wenigstens, was in mich hineinkommt oder aus mir heraus geht.« Und was passiert, als Greta versucht, selbst zu bestimmen? Sie wird noch mehr kontrolliert, und zwar öffentlich und auf Anweisungen der Ärzte. An der Wand hängt ein DIN-A3-Bogen, auf dem jede Mahlzeit minutiös notiert wird: Was isst Greta wann, wie viel wiegt das Essen und wie lange braucht sie, um aufzuessen. »Eine Banane. Zeit: 25 Minuten. Eine Avocado mit 25 Gramm. Reis. Zeit: 30 Minuten«[32], steht da. Das passiert aus der Angst heraus, dass sie irgendwann verhungert. Absolut verständlich. Allerdings stellt niemand die Frage: Was steckt eigentlich dahinter? Worum geht es eigentlich, wenn ein Kind nicht mehr essen mag?

Diese Eltern sind in Not, keine Frage. Und sie haben Angst um ihre Tochter, irgendwann auch um ihre zweite Tochter. Angst davor, sie zu verlieren, Angst, dass den Mädchen etwas zustößt, aber auch Angst, sich selbst schuldig zu machen und damit Angst, sich selbst, das eigene Leben genauer anzuschauen. Und das ist fatal. Man hat beim Lesen das Gefühl, die Eltern laufen ständig mit einem blinden Flecken herum. Der »rosa Elefant« steht mitten im Raum und keiner sagt etwas. Mich als Außenstehende bringt das zur Verzweiflung.

Was mit Greta passiert, ist Kontrolle pur und darüber hinaus sehr beschämend. Gleichzeitig wird auch dabei der »rosa Elefant« konsequent ignoriert. Essstörungen sind häufig Familienkrankheiten. Es stimmt etwas in der Familie nicht, und ein Familienmitglied zeigt es. Dieses Familienmitglied ist der sogenannte Symptomträger. Essstörungen sind nicht selten etwas, das in der Familie erlernt wird. Malena, Gretas Mutter, erwähnt, dass sie selbst als junges Mädchen Bulimie hatte. Mir fällt dazu gleich die Frage ein: Welche Essgewohnheiten hat sie heute? Was gibt sie möglicherweise unbewusst an die Tochter weiter? Darüber lässt sich nur spekulieren. Klar ist: Selbstreflexion ist hilfreich, um nicht unbewusst Dinge an die eigenen Kinder weiterzutragen.

In ihrer Not wenden sich die Eltern an verschiedene Experten, die allerdings nur auf die Kinder gucken: Ständig wird erst Greta und später Beata irgendwelchen Tests unterzogen, um herauszufinden, an welcher Krankheit sie leiden. Ein Test auf Depression zum Beispiel. Und es werden Medikamente eingesetzt. Zunächst ein Antidepressivum. Dazu purzelt die nächste Diagnose für Greta ins Haus: Asperger-Syndrom mit perfektionistischem Anspruch. Die Zusammenfassung des Stockholmer Zentrums für Essstörung lautet: Asperger, hochfunktionaler Autismus, Zwangsstörungen.

Die Verzweiflung der Eltern wächst, weil sie das Gefühl haben, dass es immer schlimmer wird. Keiner kann ihnen helfen. Und daraus folgt der Fehlschluss der Eltern: »Alles muss man selbst machen.« So verschwindet die ganze Familie wieder in den selektiven Mutismus. Sie hängen ihre komplette Energie an Greta, anstatt auf sich selbst als Personen, als Paar, als Familie zu schauen.

Derweil sich alles um Greta dreht, gerät Beata völlig aus dem Blick. Die Mutter schreibt: »Wir kriegen sie kaum zu Gesicht. Sie spürt die Unruhe und geht uns aus dem Weg.«[33] Kein Wunder, Beata bekommt zu hören: »Bald kümmern wir uns um dich, aber erst muss Greta gesund werden.«[34] Was ist das für eine Nachricht für ein kleines Mädchen? Wann ist »bald«? Auch Beata reagiert. Sie bekommt Wutanfälle, fängt an, ihre Mutter zu beschimpfen: »Du blöde Schlampe. Ich hasse dich.« Sie wirft Dinge durch die Gegend und knallt Türen. Die Erklärung dafür liefert sie gleich mit: »Ihr kümmert euch nur um Greta.« Sie hat recht und sie beschwert sich zu Recht. Zunächst wird sie aber nicht gehört.

Auch in dieser Situation können die Eltern nicht auf die Familie als Ganzes schauen. Stattdessen gibt es eine neue Diagnose, diesmal für Beata: Die Mutter findet sie: »Ich glaube, Beata hat ADHS.« Beata entwickelt »Tics«, sie braucht eine Stunde, um zur einen Kilometer vom Wohnort entfernt stattfindenden Tanzstunde zu kommen, weil sie sich selbst auferlegt hat, dass sie nur auf bestimmte Pflastersteine treten darf. Die Mutter, die sie begleitet, muss es genauso machen. Wenn man Zwangsstörungen verstehen möchte, zeigt sich, dass es dabei um die Suche nach Halt geht, nach Sicherheit, den Versuch, etwas zu kontrollieren, das einem Angst macht. Da das Beängstigende vielleicht nicht kontrollierbar ist, verlagert man die Kontrolle auf andere Dinge: die Schritte, die man geht, die Handlungen, die man vollzieht und die unter Umständen auch andere vollziehen müssen. Malena erinnert sich: »Mir ging es mit meiner Mutter genauso – alle meine Tics traten in ihrer Gegenwart sehr viel stärker hervor.«[35] Aber sie kümmert sich nicht um ihre eigenen Wunden, sondern überträgt sie unbewusst auf ihre Tochter. Sie sucht die Anerkennung, die sie selbst braucht und möglicherweise in ihrer Kindheit von ihren Eltern nicht ausreichend bekommen hat, bei ihrem Kind. Die Tatsache, dass sie und nur sie Beata helfen und trösten kann, vermittelt ihr das Gefühl, eine gute Mutter zu sein.

Beata ist lautstärkeempfindlich. Als Malena sie aus einem Streetdance-Kurs abholt, sagt ihr die Leiterin, dass die Musik so laut gewesen sei, dass Beata mittendrin stand und nur weinte. Die Mutter erzählt, wie glücklich sie ist, dass sie ihre Tochter aus dieser Situation retten kann. Sie beschreibt, wie schön es ist, dass sie Beata jetzt umarmen darf, dass sie sich wie eine Mutter fühlen darf, die von ihrem Kind gebraucht wird. Es ist nach langer Zeit das erste Mal, dass sie ihre Tochter im Arm halten darf, und das fühlt sich für sie an wie eine Heimkehr nach einem Leben im Exil. Es sei der beste Moment, schreibt sie. Der Preis ist sehr hoch. Therapeuten fragen manchmal nach dem Krankheitsgewinn: Was hat der Betroffene oder auch der oder die Angehörige davon, dass die Situation so ist, wie sie ist? Hierin könnte für Malena der Gewinn an der Krankheit ihrer Tochter liegen.

Einige Seiten weiter erzählt die Mutter stolz: »Ich stehe ihr am nächsten. Denn ich bin ihre Mutter. Ich bin diejenige, die sie am besten versteht, und das weiß sie.«[36] Was ist das für eine Behauptung? Bemächtigt sie sich hier des Kindes? Woher weiß eine Mutter, dass sie diejenige ist, die ihr Kind am besten versteht? Und warum hat das für sie so eine große Bedeutung? Später gibt sie zu: »Manchmal mache ich Fehler. Manchmal bin ich das Kind.«[37] Wenn sie sich damit befassen würde, mit ihren eigenen ungestillten, kindlichen Bedürfnissen, wäre das eine große Hilfe für sie selbst und auch für die Kinder.

Beata bekommt ebenfalls weitere Diagnosen: ADHS mit Zügen von Asperger, OCD (Zwangsstörung) und eine »Störung mit oppositionellem Trotzverhalten«. Mir wird richtig schlecht, wenn ich lese, wie da die »Störungs-Stempel« auf die Kinder gedrückt werden. Und ich frage mich: Seit wann ist oppositionelles Trotzverhalten eine Diagnose? Ist es nicht vielmehr eine normale Reaktion eines Kindes auf eine schwierige Situation, in die es geworfen wird? Dazu kommt: Dass Kinder und Jugendliche sich auflehnen und in Opposition zu ihren Eltern gehen, ist eben auch ihre Aufgabe.

Das Klammern an Diagnosen verhindert das genaue Hinschauen: Es geht um außen, um eine Krankheit, um ein Etikett für das, was »stört«, und es geht oft nicht mehr um den Seelenzustand der Kinder. Die Eltern selbst erleben die Diagnose teilweise als Entlastung, weil dann im Außen etwas geschieht: Ein Schulwechsel, neue einfühlsame, ausgebildete Lehrkräfte, das ist sicher entlastend. Und es ist ein Schuldiger/eine Schuldige gefunden: die Krankheit. Das entlastet von der Sorge, selbst eine Mitschuld zu haben. Wenn es möglich wäre, keinen Schuldigen zu suchen, sondern von außen darauf zu schauen, wäre die Frage hilfreich: Warum braucht es erst eine Diagnose, um festzustellen, dass die Kinder unglücklich sind und Zuwendung brauchen? Und warum schaut man nicht gemeinsam, was in der Umgebung des Kindes nicht stimmt?

Gretas Eltern tun alles für ihre Töchter. Sie ziehen sogar auseinander. Was bedeutet es, dass die Familie sich aufteilt und getrennt wohnt, jeder mit einem Kind? Was läuft da unbewusst ab? Welche Macht haben die Kinder unbewusst bekommen? Was wird überhaupt noch gesteuert? Und: Was ist mit der Beziehung der Eltern untereinander?

Manchmal war ich während des Lesens erschüttert, manchmal entsetzt, manchmal habe ich die Verzweiflung aller gespürt und manchmal konnte ich die konsequente Verweigerung der Eltern, auf das, was ist, auf die Familie, auf sich selbst zu schauen, nur schwer aushalten. Und so wird es möglicherweise den Kindern unbewusst auch ergangen sein.

Gleichzeitig passiert aber auch noch etwas anderes: Die Eltern spüren die Begabung Gretas und sie setzen Hoffnung in sie. »Svante behauptet, Greta sei eine bessere Ausgabe von ihm.«[38] Es klingt nach einem Scherz, aber im Zusammenhang betrachtet ist es tragisch. Denn in der Folge richtet die Familie alles nach Greta aus. Der Vater hatte seinen Beruf als Schauspieler schon länger aufgegeben. Die Mutter reist nicht mehr. Greta gibt den Takt an. Als sie berühmt wird, freuen sich alle über ihre Prominenz, darüber, gemeinsam durch die Welt zu reisen. Das Leben der Familie dreht sich komplett um Greta und ihre Mission, das Klima. Greta beginnt zu sprechen, nicht nur mit anderen, sondern mit der ganzen Welt, mit Präsidenten und Königen und dem Papst. Der Vater ist immer dabei. Im Film denkt er in einer Szene darüber nach, ob er das Foto von sich und dem Papst als neues Profilfoto bei Facebook einstellen soll. Er sonnt sich im Glanz der Tochter. Und das sage ich nicht, weil ich es grundsätzlich verwerflich finde. Die meisten Eltern sind stolz auf die Leistungen ihrer Kinder, und das ist auch richtig und gut so. Wichtig ist, daran zu denken, dass es dabei nicht um einen selbst geht. Auch wenn das wehtut: Die Kinder gehören nur sich.

Aus der Prominenz entwickelt sich dann eine logische Konsequenz für die Eltern: Greta soll nicht mehr allein unterwegs sein. Sie ist gefährdet. Sie hat Drohungen bekommen, Morddrohungen.

Es stimmt, sie muss geschützt werden. Sie musste immer geschützt werden. Vielleicht aber in anderer Weise, als die Eltern es versucht haben. Dass sie nicht mehr allein unterwegs sein soll, bedeutet auch: zurück in den selektiven (Familien-)Mutismus. Psychologisch gesehen ein Rückschritt, keine Entwicklung.

Wie hätte Greta sich entwickelt, wenn sie mit anderen außerhalb der Familie gesprochen hätte? Wenn sie in einen guten Freundeskreis eingebunden gewesen wäre? Freunde, die sie einfach nur mögen, weil sie so ist, wie sie ist? Hätten sie sie begleitet zu ihren Demos, sie unterstützt, sie gehalten? Hätte sie mit ihnen über ihre Sorgen zu Hause sprechen können? Darüber, was die Verzweiflung, das Verhalten der Eltern mit ihr machen? Hätte sie Stabilität außerhalb der Familie finden können?

Das ganze Buch ist aus meiner Sicht eine Umkehrung. Die Frage, um wen es hier eigentlich geht, läuft immer mit. Ich wollte es mir zunächst gar nicht kaufen, weil ich dachte: Wie kann die Mutter ihrer Tochter die Geschichte wegnehmen? Das ist die Geschichte von Greta Thunberg. Sie kann sie irgendwann selbst aufschreiben – und nur sie. Wenn sie erwachsen ist und das möchte und selbst beurteilen kann, was veröffentlicht werden darf und was nicht.

Das Buch beginnt mit der Stimme der Mutter, die erzählt, dass sie eigentlich eine Autobiografie schreiben könne, also ihre Geschichte. Weiter bekennt sie, dass Autobiografien sie aber nicht besonders interessieren würden und dass es wichtigere Dinge gäbe. Dann schreibt sie eine Weile über ihre Zeit als Opernsängerin.

Was ist hier verkehrt? Eine Autobiografie von Malena Ernman hätte wahrscheinlich weltweit nur sehr wenige Menschen interessiert. Auf dem Cover des Buches ist ihre Tochter Greta beim Schulstreik abgebildet. Es geht um sie. Eigentlich hätte Greta allein eine Autobiografie schreiben können und die wäre sehr erfolgreich gewesen. Das nimmt die Mutter ihr weg. Es geht in der Öffentlichkeit nicht um Malena Ernman, es geht um Greta Thunberg.

Ich habe das Buch gekauft, um etwas über Fridays For Future und über die Geschichte der Hauptfigur dieser weltweiten Bewegung zu erfahren. Und ich war verblüfft, als ich die persönliche Geschichte von Greta las. Sie hat vor den Vereinten Nationen, bezogen auf die Klimakrise und das Verhalten der Politiker, gesagt: »Das ist alles falsch. Ihr sucht die Hoffnung in uns jungen Leuten.« Diese Sätze könnte sie auch ihren Eltern sagen.

Die Geschichte der Familie Thunberg/Ernman ist sehr persönlich erzählt. Ich habe sie hier wiedergegeben, weil sie in vielerlei Hinsicht kein Einzelfall ist. Ich kenne viele Eltern, die in ähnlicher Weise nicht auf das Familienproblem schauen können, nicht auf ihren Anteil an der Katastrophe, sondern ausschließlich auf die »Auffälligkeit« des Kindes. Der Grund ist in allen Fällen: Wenn ich auf meine eigene Kindheit schauen würde, würde es bzw. ich sehr traurig werden.

Wenn Kinder auffällig sind, ist das häufig eine normale Reaktion auf ein schwieriges Umfeld

Ich erinnere mich an eine Familie, die in die Beratungsstelle kam: Vater, Mutter und der sechzehnjährige Markus. Die Mutter hatte angerufen, weinend. Es sei ganz schlimm. Markus sei völlig respektlos. Er sei beim Klauen erwischt worden. In der Schule gebe es auch Probleme. Und jetzt sei er zu weit gegangen. Er habe den Wagen des Onkels genommen und sei nachts mit Freunden durch die Gegend gefahren. Jetzt sei Schluss. Der Vater habe ihn angezeigt. Sie warteten auf das Verfahren. Dann würde der Junge schon sehen. Er käme in den Jugendknast und dann würde schon Besserung eintreten.
Als sie zum Termin kommen, schimpfen die Eltern die ganze Zeit über ihren Sohn und machen ihm Vorwürfe für eigentlich alles. Der Vater wertet ihn durchgängig ab. Markus sitzt geknickt daneben. Ich mache den Vater auf sein abwertendes Verhalten aufmerksam, darauf reagiert er nicht. Dann frage ich ihn, wie seine eigene Kindheit verlaufen ist, in der Hoffnung, ihn zu verstehen und ihm dabei zu helfen, dass er etwas von sich versteht und damit auch von seinem Sohn. Das wehrt er sofort ab: »Meine Kindheit war super. Ich bin mit meiner Schwester bei meiner Tante aufgewachsen.

Wenn was schwierig war, hat sie den Teppichklopfer rausgeholt«, lautet die Antwort. Währenddessen laufen ihm die Tränen aus den Augen. Auch darauf spreche ich ihn an. Er reagiert nicht. Ich gewinne den Eindruck, er tut alles, um nicht auf seine eigene Geschichte schauen zu müssen, selbst um den Preis, dass sein Sohn ins Gefängnis geht. Auf meine Frage, wer in der Familie was tun könnte, damit die Gesamtsituation besser wird, sagt Markus: »Ich könnte häufiger das Bad putzen.« Den beiden Eltern fällt nichts dazu ein.

Wenn ein Kind auffällig wird, können wir sicher sein, dass es damit auf etwas aufmerksam macht, das in irgendeiner Weise nicht stimmt. Wir sind daher gut beraten, dann auch auf das Umfeld des Kindes zu schauen. In 99 Prozent der Fälle ist das auffällige Verhalten eines Kindes eine normale Reaktion auf eine Auffälligkeit in seiner Umgebung. Wenn wir das erkennen und als Eltern vor uns selbst und unseren Kindern zugeben können, tritt häufig schon Entlastung ein, weil das Kind spürt: Ich bin nicht allein zuständig. Ich muss es nicht allein wieder hinbiegen. Die anderen helfen zumindest mit.

»Ich kann nicht mehr«

Eltern in Not

Eltern können aus ganz unterschiedlichen Gründen in Not geraten: Trennungen, instabile berufliche Situationen, Sorge um die eigenen Eltern, psychische und/oder körperliche Krankheiten, Existenzängste. Große Krisen führen möglicherweise dazu, dass Eltern so sehr mit sich beschäftigt sind, dass sie ihren Kindern keine stabile Orientierung und kein sicheres Zuhause bieten können. Mehr noch: Wenn Eltern in die Krise geraten, kann das dazu führen, dass sie selbst bei den Kindern Halt und Stabilität suchen.

Krisenzeiten

In politischen, gesellschaftlichen und gesundheitlichen Krisen passiert es immer wieder, dass Kinder und Jugendliche die Verantwortung für die Familie übernehmen. Zum Beispiel, wenn Eltern sich mit HIV infizieren, von Ebola oder anderen häufig tödlichen Virusepidemien betroffen sind oder wenn Krieg herrscht. Es bleibt ihnen dann keine andere Wahl. Die Eltern sind erkrankt oder verstorben. Und so versorgen die Kinder die Familie: Sie kümmern sich um die kleineren Geschwister, sie putzen, kaufen ein, kochen, pflegen Angehörige. In Kriegsgebieten kämpfen sie sogar.

Auch in der Corona-Krise haben manche Eltern selbst ihren Halt verloren: Sie machen sich große Sorgen um ihre Existenz, um ihre Gesundheit und die Gesundheit der Familie. Sie wissen nicht, wie es weitergehen soll. Ihr gewohntes und bislang sicheres Leben und ihre Lebensperspektive wackeln. Manche trennen sich. Die Kinder spüren die Unsicherheit der Eltern und dass die, die bisher so stabil waren, ihnen Halt und Sicherheit gegeben haben, ins Wanken geraten, ihnen kaum mehr Geborgenheit und Zuversicht geben können. Das ließ sich zum Beispiel nach den verheerenden

Überschwemmungen in Nordrhein-Westfalen und Rheinland-Pfalz beobachten: Die Kinder räumten den Schutt weg, passten auf die Geschwister auf, trösteten ihre Eltern und waren, wie meine Kollegin Lea es beschrieb, die dort mitgeholfen hat, »ganz grau im Gesicht«. Ein äußeres Zeichen ihres Seelenzustands.

Vor Krisen kann man nicht fliehen und man kann sie nicht angreifen, das heißt: Flucht oder Angriff, die archaischen Mechanismen, um Gefahr abzuwehren, funktionieren in diesem Moment nicht. Das macht ohnmächtig und hilflos. Die Kinder bringt das in eine vertrackte Situation: Sie bräuchten gerade jetzt vertraute Menschen, die sie schützen und ihnen Geborgenheit und Sicherheit schenken. Aber die fallen aus. So sind viele Kinder auf sich gestellt.

Die meisten von ihnen möchten etwas tun. Sie wollen helfen, unterstützen und kooperieren, also aus der Ohnmacht in die Selbstbestimmtheit kommen. Ein gesunder und verständlicher Impuls. Wenn die Eltern ausfallen, versuchen die Kinder häufig einzuspringen und Aufgaben und Verantwortung zu übernehmen.

Mila ist Mutter von drei Kindern. Sie lebt getrennt von ihrem Mann. In Corona-Zeiten arbeitet sie meist im Home-Office. Die Kinder sind ebenfalls zu Hause. Der Vater macht sich aus ihrer Sicht ein schönes Leben. Sie dagegen hat die Kinder und kommt kaum vor die Tür. Und die Kinder sind anstrengend: Lino, der zehnjährige Sohn, verweigert alles, was er tun soll: pünktlich am Computer zu sitzen, Zähne zu putzen, den Tisch zu decken. Gleichzeitig sucht er ständig die Nähe der Mutter, fast wie ein Kleinkind, findet Mila. Er rastet auch beim kleinsten Anlass immer wieder aus. Manchmal ist nur der Vogel auf dem Baum, der zu laut piept, schuld daran, dass Lino schreit und kreischt und sich nicht mehr von der Stelle rührt. Jetzt fange auch schon die kleine Schwester an zu kreischen und wieder einzunässen. Das alles provoziere sie, sagt Mila. Sie selbst habe von ihren Eltern wenig Aufmerksamkeit bekommen. Auch die hätten sich vor allem um sich selbst gekümmert. Die Mutter war beruflich immer unterwegs, der Vater hätte wechselnde

Freundinnen nebenbei gehabt. So erlebe sie es jetzt auch bei ihrem Mann. Sie selbst schenke ihrem Sohn Aufmerksamkeit, aber es sei nie genug. Jetzt wolle Lino auch nachts immer zu ihr ins Bett. Das sei ihr zu viel. Es mache sie ungehalten. Sie tue doch alles, aber es sei nie genug.
Der kleine Lino erinnert Mila an ihre eigene Kindheit, an das, was sie selbst nicht bekommen hat. Das ist das Gefühl, das die Mutter kaum aushalten kann. Aber sie kann nicht die Brücke zu ihrer eigenen Kindheit bauen, zu dem, was ihr fehlte. Sie spürt nur ihre intensiven Gefühle, wenn Lino etwas von ihr möchte. Jetzt fängt Lino zudem an, wieder ins Bett zu machen. Auch das regt die Mutter furchtbar auf. Mila ist sehr wütend auf ihren Ex-Mann, der sich nicht für ihre Sorgen interessiert, sondern sich mit seiner neuen Partnerin vergnügt. Sie selbst habe gar nicht den Raum, einen neuen Partner zu finden, sagt sie. Manchmal würde sie am liebsten einfach alles liegen lassen und gehen.

Bei Mila kommen gleich mehrere Themen zusammen: die Trauer um die verlorene Beziehung und die Wut auf den Ex-Mann, die eigene Kindheitsgeschichte und die Überforderung mit den drei Kindern. Dazu die Corona-Krise, die das Gefühl, ohnmächtig zu sein, nichts tun oder ändern zu können, stark triggert. Oft ist es nicht eine Sache, die Eltern an den Rand des Nicht-mehr-Könnens bringt, sondern mehrere.

Das ist auch bei Birgit der Fall: Sie lebt ebenfalls von ihrem Mann getrennt und hat eine Tochter, Vera. Sie ist zwölf. Mutter und Tochter sind viel allein. Es gibt keine Verwandten in der Nähe und nur wenige Freunde. Birgit hat einen Job mit wenigen Stunden in einem Museum. Und sie ist immer wieder krank. Sie hat Schlafstörungen, leidet häufig unter starken Kopfschmerzen, gleichzeitig kommt sie nicht aus dem Bett. Das ist manchmal tagelang so. Dann ist Vera auf sich gestellt und macht, was sie will. Wenn die Mutter wieder bei Kräften ist und Vera Vorschriften macht, lacht sie sie oft aus. Der Kontakt zum Vater beschränkt sich auf seltene Postkarten. Vera ist total verunsichert. Und so probiert sie sich aus. Manchmal nimmt sie die Zügel in die Hand und kümmert sich um den Haushalt, dann wieder ist sie das Kind, das nach einem zuverlässigen Zuhause verlangt. Mal versorgt sie ihre Mutter, bringt ihr Tee ans Bett, dann wieder nimmt sie die Rolle der Versorgerin nicht an, sondern rebelliert, schreit die Mutter an, macht sie runter und schüchtert sie manchmal sogar ein. Die Mutter ist mit sich selbst beschäftigt. Die Schlafstörungen, die Kopfschmerzen, das dauerhafte Gefühl von Sinnlosigkeit setzen sie immer wieder komplett außer Gefecht. Dann geht nichts mehr. Sie fühlt sich völlig hilflos. Als Mutter, findet sie, versage sie.

Kinder schlüpfen in die Elternrolle

Es gibt viele Beispiele von Eltern, die mit ihrer Lebenssituation so beschäftigt sind, dass sie keine Kraft haben, auf die Bedürfnisse ihrer Kinder zu achten. Sie schaffen es dann tatsächlich nicht, ihren Kindern einen verlässlichen, sicheren, stabilen Rahmen zu geben, weil sie selbst so am Limit sind, dass sie Unterstützung brauchen. Oft hat auch das mehrere Gründe.

Was allerdings häufig passiert: In ihrer Not suchen sie Schutz und Unterstützung bei ihren Kindern und machen diese quasi zu ihren Eltern. Parentifizierung nennt sich das, zu Deutsch: »Verelterlichung«. *Parentes* ist das lateinische Wort für »Eltern«, »-fizierung« leitet sich ab von lateinisch *facere*, »machen«. Die Kinder werden – in diesem Fall von ihren eigenen Eltern – zu Eltern gemacht. Einige der Aufgaben, die ihnen übertragen werden, habe ich in den vorangegangenen Kapiteln beschrieben. Die Kinder sollen Partnerersatz sein, Vermittler oder Vermittlerinnen zwischen zerstrittenen Eltern, oder Eltern erwarten, dass sie sich auf eine Seite schlagen. Sie sollen zuhören und Eltern oder Geschwister versorgen. Die Verhältnisse werden umgekehrt. Für die Kinder bedeutet diese Umkehrung oft: Sie müssen sofort erwachsen sein. Die Kindheit ist schlagartig zu Ende. Denn sie spüren: Als Kind habe ich hier keinen Platz. Die einzige Möglichkeit, Aufmerksamkeit und Anerkennung durch die Eltern zu bekommen, ist, die große Aufgabe anzunehmen und alles daran zu setzen, sie zu erfüllen. Das Kind hat ständig seine Antennen ausgefahren, um zu erspüren, was gerade gefragt ist, welche Rolle oder Aufgabe es übernehmen soll. Es hat immer den Blick auf und das Ohr an den Eltern, die sich streiten, die Alkohol trinken, die plötzlich depressiv oder aggressiv werden könnten. Es versucht, alle Eventualitäten vorherzusehen und abzufedern, möchte alles richtig machen und immer da sein. Gefühlt ist es im ständigen Einsatz und findet keine Ruhe.

Kinder und Jugendliche versuchen in dieser Situation, das Unmögliche zu schaffen. Ein unerfüllbarer Leistungsdruck lastet auf ihnen. Sie möchten immer besser werden, immer mehr leisten, in der Hoffnung, die Eltern so wieder glücklich und zufrieden zu machen und endlich die Anerkennung und Aufmerksamkeit zu bekommen, die ihnen als Kind eigentlich von ihren Eltern zusteht. Das ist allerdings immer nur in den kleinen Momenten der Fall, in denen die Eltern sagen: »Gut, dass ich dich habe.« Aber auch da geht es eigentlich nicht um sie, sondern um die Eltern. Langfristig ist es ein nicht endender, sich immer wiederholender Teufelskreis, den die Kinder durch noch so große Anstrengung nicht durchbrechen können. Es ist nie genug und nie vorbei. Die Situation bleibt und hat Folgen für ihr eigenes Leben.

Suse ist Mutter von drei Mädchen und einem Sohn. Die Älteste ist schon ausgezogen, die beiden Jüngeren leben noch zu Hause. Und: Sie tanzen ihr auf der Nase herum. Sie fordern viel, materielle Zuwendung, Aufmerksamkeit und vor allem: dass ihre Mutter nicht alles mit sich machen lässt. Sie verachten sie, weil sie ihrem Mann kein Paroli bietet, wenn der sich ihr gegenüber unverschämt und respektlos verhält. Sie erwarten von ihr, dass sie sie überall hinbringt: morgens zur Schule, nachmittags zum Fußball, abends zum Tanzen. Suses Mann arbeitet viel und schickt ihr dann Aufträge: Sie soll nur ganz bestimmte Lebensmittel einkaufen, Rechnungen bezahlen, Telefonate führen, zu bestimmten Zeiten Essen bereithalten und die Töchter erziehen. Dafür sei sie zuständig, sagt er. Sie hat das Gefühl, in seinen Augen

das »Mädchen für alles« in der Familie zu sein. Wenn die Jüngste die Mutter mit Schweigen bestraft, weil sie sich nicht so verhalten hat, wie sie es sich gewünscht hat, sagt Suses Mann zu ihr: »Das hast du bestimmt verdient.« Suse versucht es allen recht zu machen. Sie wünscht sich Harmonie. Also chauffiert sie die Kinder, erfüllt die Wünsche ihres Mannes, kümmert sich um seine Buchhaltung und arbeitet zusätzlich halbtags in einer Wäscherei. Aber die Harmonie will sich nicht einstellen. Es bleibt angespannt, keiner in der Familie fühlt sich wohl. Suse möchte manchmal am liebsten weggehen. Die Vorwürfe der Kinder und ihres Mannes treffen sie tief. Sie fühlt sich verantwortlich für das Wohl aller. Schließlich arbeitet sie ja nur halbtags und dann bekommt sie noch nicht mal die Kindererziehung und den Haushalt in den Griff, suggeriert ihr die Familie.
Gelernt hat sie die Rolle des »Mädchens für alles« schon sehr früh: Sie selbst war ein unerwünschtes Kind. Sie erinnert sich an derbe Streitereien zwischen den Eltern, schon von klein auf. Manchmal wurden sie handgreiflich. Dann verhielt sie sich ganz still und unauffällig. Die Oma hatte ihr auch gesagt, sie solle brav sein. Das tat sie. Um nicht brav zu sein, gab es keinen Platz. Das machten schon die Eltern. Der Vater war oft nicht zu Hause. Er hatte eine zweite Familie, wo er viel Zeit verbrachte. Wenn er zu Hause war, machte die Mutter ihm das Leben zur Hölle. In Suses Augen war der Vater feige, die Mutter aggressiv. Sie hatte wechselnde Männerbekanntschaften und sie trank. Wenn Suse nach Hause kam, war sie manchmal nicht da oder schwer betrunken. Suse hat versucht, sich irgendwie einzufädeln und das Schlimmste abzuwenden. Unbewusst hat sie die Verantwortung für die Familie übernommen – sogar die Verantwortung für ihre eigene Existenz. Ihr Gefühl: Der Streit hat auch mit mir zu tun. Schließlich wollten sie mich ja nicht, und jetzt bin ich da. Alles wäre besser, wenn ich nie geboren wäre. Aber es gab auch lichte Momente, wenn die Mutter allein war und getrunken hatte und die Aggression langsam abflaute. Dann durfte Suse ihr ein feuchtes Tuch

auf die Stirn legen und in ihrer Nähe sein. Dann war sie wichtig und die Mutter ihr näher. Für ihre Oma war klar: Suse muss für ihre Mutter die Mutter sein und so hat sie sie auch angesprochen. Mitgefühl gab es nicht. Ihre Angst vor Ablehnung ist heute noch riesig. Denn die Strafe der Mutter und letztendlich auch des Vaters war Liebesentzug. Davor hatte sie als Kind ständig Angst. Und diese Angst hat sie eben heute noch. Wenn ihre Tochter nicht mit ihr spricht oder sie anschreit, kommt das Gefühl wieder: »Ich habe etwas falsch gemacht. Ich werde nicht mehr geliebt.« Ihr Gefühl damals wie heute: »Ich genüge nie, so sehr ich mich auch bemühe.«

Suse übernimmt auch heute noch Verantwortung für Dinge, für die sie nicht zuständig ist und die sie auch nicht regeln kann. Sie werden ihr zugewiesen, von ihrem Mann, den Kindern und immer noch von ihrer Mutter. Sie ist aber nicht verantwortlich für die schulischen Leistungen der Kinder und auch nicht für das Wohl ihres Mannes. Das sind wie in ihrer Kindheit für sie unlösbare Aufgaben. Das Muster, das sie so früh gelernt hat, ist so alt, dass sie automatisch weiter so vorgeht wie damals. Auch heute muss sie daran wieder scheitern, weil es unlösbar ist.

Gleichzeitig empfindet sie eine unglaubliche Leere. Sie sagt: »Ich finde nichts in mir, wie ich meinem Mann, meiner Mutter, den Menschen, die mich als Prügelmagd behandeln, Paroli bieten kann. Ich habe kein Werkzeug dafür.« Die innere Leere hat mit ihrer fehlenden Kindheit zu tun. Damit, dass sie nicht erfahren hat, wie es ist, gewollt zu sein, geschützt zu werden, sich fallen lassen zu können und Mitgefühl zu erfahren. So konnte sie keine Sicherheit in sich selbst finden. Denn das unbewusste Gefühl lief immer mit: Die Aufgabe ist zu groß für mich. Sie ist nicht zu schaffen.

Aber was dann? Das Muster: »Ich bin zuständig« sitzt tief. So versucht sie weiter allen gerecht zu werden und es gelingt ihr nicht. Sie weiß nicht, wie es geht, sich selbst gerecht zu werden, den eigenen Bedürfnissen eine Berechtigung zu geben und sie zu stillen. Denn um die ging es nie. Wenn eigene Bedürfnisse da waren, hat sie gelernt, nicht hinzuschauen und nicht hinzufühlen, sie nicht wichtig zu nehmen. Wichtig war der Wunsch nach Liebe und Anerkennung. Der bittere Weg, das herauszufinden, ist zunächst, es wahrzunehmen und dann Abschied zu nehmen – von der Hoffnung, dass sie ihre Mutter noch verändern kann und dass sie Anerkennung erhält, weil sie »brav« ist und die Wünsche der anderen erfüllt. Das ist traurig. Aber heute könnte sie überlegen: Wie kann ich mir selbst Anerkennung geben? Wie kann ich mir selbst sagen: »Ich bin ein wertvoller Mensch und meine Gefühle sind wichtig.« Das ist ein Prozess, der nicht einfach durchzuhalten ist und für den Unterstützung sehr hilfreich sein kann.

Der Junge muss an die frische Luft!

In großer Not war auch die Mutter des Komikers Hape Kerkeling. Sie hatte eine schwere Depression. Und dafür gab es keine Worte. Die Formulierung in der Familie war: »Der Mama geht es nicht gut.« Niemand konnte helfen. Ihr Mann, die Großeltern, Onkel und Tanten wussten nicht, wie sie mit der stillen, traurigen und manchmal unkontrolliert wütenden Frau umgehen sollten. Also hat Hans Peter es versucht, der jüngste Sohn. In seinem Buch »Der Junge muss an die frische Luft« beschreibt er sehr ergreifend, wie er spürte, was mit der Mutter los war. Er erzählt, dass sie ihn einerseits geliebt hat und sich über ihn freuen konnte. In anderen Momenten konnte sie ihn nicht beachten oder schrie ihn an und jagte ihn durch die ganze Wohnung, nur weil er die Milch verschüttet hatte. Er beschreibt, was er sich ausdachte, um die traurig dasitzende Mutter aufzuheitern: Er begann, ihr Kunststücke vorzuführen, sich zu verkleiden und sich Witze auszudenken, um sie zum Lachen zu bringen. Gleichzeitig tat er es auch, um Aufmerksamkeit von dieser oft traurig und regungslos dasitzenden, geliebten Mutter zu bekommen. Es hat funktioniert – manchmal und für einen kurzen Moment. Hans Peter wurde nicht müde, sich immer neue komische kleine Sketche für die Mutter auszudenken und sie für sie aufzuführen. Gleichzeitig hat er die Schuld für ihr abweisendes Verhalten bei sich gesucht, so wie alle Kinder es tun, deren Eltern über ihre eigenen Probleme den Blick auf die Kinder verlieren. Er hat sich gefragt: »Was habe ich ihr bloß getan?« Und er musste schweren Herzens einsehen, dass er sie nicht beruhigen und nicht retten konnte: »Ich werde mit der überforderten, chronisch aufgebrachten Mama einfach nicht mehr fertig. Sie wächst mir über den Kopf.« Er kann noch immer sehr gut nachfühlen, wie es ihm damals als Kind ging – und was er sich gewünscht hätte: »Soll ihr Vater sich jetzt wieder um ihre Erziehung kümmern! Auf mich hört sie ja schon lange nicht mehr.«[39] Am Ende hat sich seine Mutter das Leben genommen, ohne sich noch einmal nach ihm umzudrehen. Eine traurige Geschichte, die zeigt, dass Kinder spüren, was die Eltern belastet und dass sie alles tun, um zu helfen und zu heilen. Fast automatisch schlüpfen sie dabei in die Rolle der Erwachsenen. Und am Ende müssen sie erkennen: Ich schaffe es nicht. Die Aufgabe ist zu groß, unlösbar für mich.

Eine solche Kindheitsgeschichte bleibt nicht ohne Folgen. Nach Schätzungen leben ungefähr 25 Prozent aller Kinder und Jugendlichen mit einem psychisch kranken Elternteil zusammen. Das sind ca. 3,8 Millionen. Kinder psychisch kranker Eltern tragen eine schwere Last. Sie haben ein hohes Risiko, sehr früh in die Elternrolle zu schlüpfen. Selbstverständlich sind sie damit immer überfordert. Viele von ihnen kommen in der Schule nicht mehr mit, haben weniger soziale Kontakte und werden auffällig in ihrem Verhalten. Ein großer Teil wird selbst psychisch krank. Das Risiko dazu ist drei bis vier Mal höher als bei anderen Kindern. Umso wichtiger, dass es Hilfe von außen gibt.

Teil 3

Was Eltern und Kinder stark macht

Was hat das Ganze mit mir zu tun?

Die eigene Geschichte verstehen

»Warum erzählen Sie so viel von früher in Ihren Büchern? Warum greifen Sie immer auf das Alte zurück?«, fragen Leserinnen und Leser manchmal. Und auch Eltern wehren in der Beratung Fragen nach ihrer eigenen Kindheit gelegentlich ab: »Ich will damit nichts mehr zu tun haben. Mit der Vergangenheit habe ich abgeschlossen. Mir geht es um heute. Um mein Kind.« Sie sind überzeugt: »Zurückschauen, in der Vergangenheit ›wühlen‹, bringt gar nichts.« Sie wünschen sich eine schnelle Lösung, einen Schalter, den man umlegen kann, und dann funktioniert zu Hause alles wie gewünscht. Das verstehe ich sehr gut. In dem Film »Rise of the Guardians« von Jack Frost heißt es: »Woher soll ich wissen, wer ich bin, solange ich nicht weiß, wer ich war?« Diese Frage möchte ich dann manchmal in der Beratung den Eltern stellen, die zu mir kommen.

Im selben Moment fällt mir ein kurzer Dialog aus meiner Jugend ein. Ich erinnere mich, wie meine Mutter, eine klassische Freud'sche Psychoanalytikerin, eines Tages zu mir kam und sagte: »Nachdem ich jetzt zwanzig Jahre lang als Psychoanalytikerin arbeite, habe ich es wirklich verstanden und verinnerlicht, dass immer alles auf die Kindheit zurückgeht, so wie Freud es gesagt hat.« Eine schwerwiegende Aussage, die offenbar sehr lange gebraucht hat, um zur sicheren Erkenntnis meiner Mutter zu werden. Ich habe es damals nicht verstanden, aber ich war sehr beeindruckt von ihrer tiefgreifenden Einsicht und davon, dass sie mich daran teilhaben ließ.

Heute verstehe ich mehr davon und meine Erfahrung ist genau dieselbe: Wenn wir uns über unsere Kinder, aber auch über unsere Partner, Vorgesetzte oder andere Menschen mehr ärgern, als durch den akuten Anlass eigentlich erklärbar ist, können wir sicher sein, dass es etwas mit früher zu tun hat. Damit meine ich: wenn wir uns besonders angegriffen fühlen durch das Verhalten oder die Worte anderer. Wenn Sie uns sprachlos machen oder wütend oder traurig oder uns dazu verleiten, ganz schnell wegzugucken. Wenn wir etwas als extrem schlimm empfinden und es unbedingt von uns weghalten müssen, dann ist sehr wahrscheinlich eine alte Wunde getriggert worden.

Die Freud'sche Erkenntnis ist mittlerweile allgemein in der Psychologie anerkannt. Fast alle psychologischen Richtungen beziehen die frühen Erfahrungen der Menschen mit ein, um heute sichtbare Wunden zu verstehen. Mit anderen Worten: Die Erforschung der Vergangenheit hilft uns nicht nur, Ursachen zu finden, sondern sie erlaubt uns ein besseres Einfühlungsvermögen – auch in uns selbst.

Warum schauen wir nicht so gern zurück und warum ist es so wichtig?

Weshalb wir die Gedanken an die Vergangenheit abwehren, hat mehrere Gründe: Wir haben das Gefühl, es ist ein Umweg, es dauert viel zu lange. Wir denken, wir haben gar nicht die Zeit, in Ruhe zurückzuschauen. Das Leben muss weitergehen, es müssen Entscheidungen getroffen werden, die Arbeit wartet. Wenn wir ein Problem haben, etwa mit unseren Kindern, dann wollen wir Lösungen. Schnelle Lösungen. Und dann soll wieder alles so sein wie vorher.

Zurückzuschauen dauert zu lange und scheint uns in den akuten Momenten nicht hilfreich. Es gibt aber noch einen anderen Grund, warum wir das nicht gerne tun, und der ist uns oft gar nicht bewusst: Die Erinnerung kann sehr schmerzhaft sein. Da fällt mir wieder der unnachgiebige Vater ein, der seinen sechzehnjährigen Sohn anzeigt, weil er sich das Auto des Onkels »ausgeliehen« hat, und es vorzieht, ihn ins Gefängnis wandern zu lassen, wo er zur Einsicht kommen soll, anstatt ihn zu umarmen und zu versuchen, ihn zu verstehen. Das ist dem Vater lieber, als sich seiner eigenen schmerzhaften Kindheit, sich selbst als Kind zuzuwenden. Ein Vater, der auf die Frage nach seiner Kindheit behauptet: »Ich hatte eine wunderbare Kindheit, ich bin von meiner Tante mit dem

Teppichklopfer großgezogen worden«, und dem während des ganzen Gesprächs Tränen aus den Augen liefen. Kein Ton darüber, dass seine Eltern sich gar nicht um ihn gekümmert haben. Kein Ton über die Schmerzen, die er durch die Schläge erlitten hat. Die eigene Trauer auszuhalten, den Schmerz darüber, was er als Kind nicht bekommen hat, das will er – unbewusst – um jeden Preis verhindern. Auch um den Preis, dabei seinen eigenen Sohn zu verlieren. Der Blick auf die Vergangenheit scheint schlimmer als das. Könnte er zurückschauen und erkennen, dass er das Mitgefühl, die Zuwendung, die er gebraucht hätte, als Junge nicht bekommen hat, könnte er seinen Sohn anders verstehen und sehen, was dieser braucht. Er könnte seinen eigenen Mangel betrauern und als Erwachsener lernen, wie er seinem Sohn ein einfühlsamer Vater sein kann.

Manche Menschen scheuen davor zurück, die eigene Kindheit zu erforschen, weil sie ihre Eltern schützen möchten. Sie haben große Sorge, dass sie, wenn sie die Verletzungen aus ihrer Kindheit erinnern und anderen erzählen, ihre Eltern belasten, weil sie schlecht über sie reden oder ihre Eltern in einem schlechten Licht erscheinen. Sie haben Angst, dass sie den Menschen, die doch alles für sie getan haben, die Schuld dafür geben, dass es ihren Kindern heute manchmal nicht gut geht, dass sie heute Probleme haben. Wie undankbar wäre das in ihren Augen! Sie erleben es als Tabubruch.

Sie haben einerseits unbewusst Sorge, bei ihren Eltern Erziehungsfehler aufzudecken und sie dadurch vom Thron der elterlichen Unfehlbarkeit zu stoßen. Dann müssten sie selbst ihr Bild ihrer Eltern möglicherweise verändern. Andererseits finden sie es unangebracht, mit dem vermeintlichen Fehlverhalten der Eltern und mit ihrer daraus folgenden schweren Kindheit ihre heutige Misere zu entschuldigen.

Verstehen, was war

Aber es geht nicht darum, Schuldige zu finden und damit gleichzeitig jede Verantwortung für eine schwierige heutige Situation von sich zu weisen. Es geht darum zu verstehen, was war. Sich einzufühlen in das Kind, das man selbst war, und zu verstehen, wie es diesem Kind ging, was es durchgemacht, was ihm gefehlt hat und was es nicht bearbeiten und betrauern konnte. Es geht darum zu verstehen, dass es etwas gibt, das uns prägt in unserem heutigen Handeln, und dass es noch etwas zu betrauern gibt. Dann erst ist der Weg frei, um zu sehen: Heute kann ich mich neu entscheiden. Heute bin ich kein Kind mehr. Die Tatsache, dass mich bestimmte Situationen, bestimmtes Verhalten meines Kindes (und auch anderer Menschen) besonders aufbringt, hat mit früher zu tun, mit meiner Geschichte, nicht mit meinem Sohn oder meiner Tochter. Manchmal ist es hilfreich, ein »oder« durch ein »und« zu ersetzen: Meine Eltern waren gute Eltern, sie haben viel für mich getan – und gleichzeitig haben sie auch Dinge falsch gemacht. Das ist nicht zwingend ein Widerspruch. Für uns selbst ist es oft eine große Entlastung, wenn beides nebeneinanderstehen und angeschaut werden darf.

Wenn wir unsere Vergangenheit abschneiden

Was passiert, wenn wir uns nicht erinnern, wie es bei uns früher war, hat der Arzt und Psychoanalytiker Horst Eberhard Richter in seinem Buch »Eltern, Kind, Neurose« eindrücklich dargestellt. Richter war ein Pionier der Familienforschung. Er hat Familien und ihre Entwicklung jahrelang mit seinem Forscherteam begleitet. Sein Anliegen war es, zu verstehen, wie es bei Kindern zu Neurosen, zu seelischen Konflikten kommt. Seine Erkenntnisse sind heute auf breitem Feld in der Therapie und Beratung anerkannt und finden dort Anwendung.

Dem Buch »Eltern, Kind, Neurose« schickt er folgendes Zitat des Philosophen Friedrich Nietzsche voraus: »Die unaufgelösten Dissonanzen im Verhältnis von Charakter und Gesinnung der Eltern klingen im Wesen des Kindes fort und machen seine innere Leidensgeschichte aus.« Nietzsche lebte in der zweiten Hälfte des 19. Jahrhunderts. Sein Werk »Menschliches, Allzumenschliches«, aus dem das Zitat stammt, erschien 1878. Das zeigt: Die Erkenntnis, dass wir unsere nicht bearbeiteten Kindheitsverletzungen weitertragen und in irgendeiner Form auf unsere Kinder übertragen, ist nicht neu.

Wichtige Erkenntnisse Horst Eberhard Richters beziehen sich auf die Eltern-Kind-Dynamik und das Weitertragen ungelöster Konflikte von einer Generation zur nächsten. Die Eltern drängen ihr Kind in eine Rolle, die es überfordert. Das geschieht auf zweierlei Weisen: Entweder drängen sie ihr Kind unbewusst in die Rolle eines Menschen, mit dem sie selbst einen ungelösten Konflikt haben. Das Kind wird in der Beziehung zu den Eltern zum Stellvertreter, zur Stellvertreterin dieser Person und von seinen Eltern als Eltern-, Ehepartner- oder Geschwisterersatz angesehen und auch so behandelt.

So kann es zum Beispiel sein, dass eine Mutter oder ein Vater sich als Kind vergeblich nach der Liebe, der Zuwendung und der Zärtlichkeit der Mutter gesehnt hat. All das konnte die Mutter aber nicht geben. Sie umarmte das Kind nicht, wenn es traurig war, sie tröstete es nicht. Es wurde nicht ausreichend beachtet von seinen Eltern. Heute ist dieses Kind nun selbst Mutter oder Vater. Die Erfahrung, dass das Bedürfnis nach Liebe, Trost und Zuwendung nicht gestillt wurde, klafft wie eine offene Wunde in ihm. Unbewusst erwarten sie jetzt von ihrem Kind, oft schon von Geburt an, dass es ihre Not, ihre Einsamkeit, ihre Traurigkeit errät und ihren Wunsch nach Zuwendung, Trost und Aufmerksamkeit lindert. Sie beklagen sich dann beim eigenen Kind: »Warum kommt sie nicht mal und tröstet mich?« oder »Er umarmt mich nie«. Das Kind soll sozusagen die Liebe und Zuwendung, die die Mutter oder der Vater als Kind nicht bekommen hat, nachliefern. Das wird aber nicht passieren. Es kann gar nicht passieren.

Ein Grund dafür ist: Das Kind hat selbst die Liebe und den Trost noch nicht erfahren, um ihn weitergeben zu können. Ein anderer: Die Mutter oder der Vater hat die erlittene Enttäuschung ebenso mitübertragen. Das heißt, sie erwarten unbewusst von vornherein, dass sich das, was sie bereits kennen, wiederholt, nämlich die Zurückweisung. Richter formuliert es so: »Der Hass auf die versagende Mutter steckt also von Anfang an in der Einstellung zum Kind mit darin und trägt umso sicherer dazu bei, dass sie sich die gleiche Frustration wie ehedem verschafft.«[40]

Die andere Rolle, in die Eltern ihr Kind möglicherweise drängen, ist: Sie projizieren in ihr Kind positive oder negative Aspekte ihrer selbst. Das bedeutet entweder, dass die Kinder Wünsche, die den Eltern als Kind verwehrt wurden, auch nicht ausleben dürfen, oder im Gegenteil, dass sie eine Mission erfüllen müssen, stellvertretend für die Eltern etwas ausleben sollen, das diesen versagt blieb. Im ersten Fall ist zum Beispiel eine Mutter mit vielen Verboten groß geworden. Sie durfte als junges Mädchen keinen Kontakt zu Jungs haben, obwohl sie es sich immer gewünscht hat. Jetzt hat sie eine Tochter, die sich mit Jungs gut versteht und mit ihnen Freundschaften pflegt. Das kann die Mutter nicht ertragen. Weil sie es selbst nicht durfte, wehrt sie es auch bei ihrer Tochter ab. Sie wertet ihre Tochter ab, macht sie klein, beschimpft sie als »Schlampe«. Dabei ist ihr nicht bewusst, dass ihre eigene Geschichte damit wiederbelebt wird.

Eltern projizieren ihre ungelösten Konflikte auf ihre Kinder und hoffen, dass diese sie erlösen. Unbewusst suchen sie bei ihnen das, was sie selbst als Kinder nicht ausreichend bekommen haben. Die Kinder sind mit diesen Sehnsüchten ihrer Eltern völlig überfordert. Sie verstehen sie nicht und können sie nicht stillen. Sie sind aber unter anderem auch deshalb unstillbar, weil das Scheitern, das die Eltern selbst als Kinder erlebt haben, mit auf sie übertragen wird. Die Kinder müssen für etwas herhalten, für das sie nichts können und von dem sie auch nichts wissen können. Damit ist häufig der Weg für ihr eigenes seelisches Leiden bereitet, das zum Beispiel in den Satz zu fassen ist: »Ich genüge nicht, ich bin falsch, ich bin den Anforderungen, die an mich gestellt werden, nicht gewachsen.«

Erinnern hilft, zu verstehen und in Beziehung zu gehen

Was bringt uns das Erinnern der eigenen Geschichte? Es versetzt uns in die Lage, bei den Kindern »anzudocken«. Indem wir uns erinnern, wie wir uns gefühlt haben, als wir in ihrem Alter waren, verbinden wir uns mit ihnen. Wir können Verständnis aufbringen und das den Kindern auch signalisieren. Das bedeutet nicht, dass wir alles gutheißen müssen, was sie tun, aber wir müssen auch nicht so tun, als sei es völlig abwegig. Dieses Band gibt Sicherheit.

Wir verstehen, wenn sie rauchen, trinken, ausbrechen, wenn sie eifersüchtig sind auf die Geschwister, wenn sie laut sind und nicht das tun, was sie sollen, um auf sich aufmerksam zu machen, weil wir uns daran erinnern, wie wir uns damals gefühlt haben. »Wir durften es nicht und trauten uns noch nicht mal, es uns zu wünschen«, könnte eine Einsicht sein. Oder wir erkennen uns darin wieder: »Ich habe auch geraucht«, »Mir war es auch egal, wenn meine Eltern nachts wachgelegen haben, weil ich zu spät nach Hause kam«, »Ich wollte mir auch einfach nicht die Zähne putzen«. Und dann wissen wir: Ich hätte das damals gern so gemacht, aber es ging nicht, meine Eltern waren zu streng. Oder wir wissen: Das ist normal. Das ist nicht gegen mich. Das machen Kinder. Vielleicht wissen wir auch noch, warum wir das gemacht haben: Ich wollte Aufmerksamkeit, ich war eifersüchtig auf meinen Bruder, ich fühlte mich ungerecht behandelt. Wir verstehen, aus welchem Gefühl heraus die Kinder bestimmte Dinge tun. »Anstatt sie zu bestrafen, sollten wir ihnen helfen, das Gefühl anders auszudrücken«[41], ermuntert die britische Autorin Philippa Perry Eltern, die etwa von ihren Kindern angelogen werden.

Eine Mutter erzählte mir von einer Party, die ihre Tochter zu Hause veranstaltet hatte und die innerhalb kürzester Zeit völlig aus dem Ruder gelaufen war. Am Ende standen vier Mannschaftswagen der Polizei vor der Tür und die Tochter weinend daneben. Die Mutter blieb ruhig. Sie hatte nicht damit gerechnet, dass es so passieren würde, wie es gekommen ist. Aber sie erinnerte sich: »Das kenne ich auch.« »Für die nächste Party müssen wir Regeln aufstellen und genau schauen, wer dich unterstützen kann«, sagte sie zu ihrer Tochter. Böse Worte oder Strafen fand sie unnötig. Sie hatte mitbekommen, dass ihre Tochter sich schon elend genug fühlte.

Kinder bringen uns in jeder Lebensphase zurück in die Zeit unserer eigenen Kindheit. Wenn wir hinschauen können, ist das gleichzeitig eine Riesenchance, mit unseren Kindern in Kontakt zu sein und zu bleiben. Wir erlauben ihnen, unsere Seele zu berühren. Wenn wir im Gegensatz dazu mit Belohnen und Bestrafen agieren, schneiden wir diese Verbindung ab. Wir handeln dann wie Maschinen und die Kinder fühlen sich so, nämlich maschinell behandelt.

Erinnern hilft, zu unterscheiden

Ganz automatisch schließen wir von uns auf andere, von unserer Kindheit auf die Kindheit unserer Kinder. »Das war bei mir auch so«, »Das hat mir auch nicht geschadet«, »Das durfte ich auch nicht« oder auch: »Das fand ich schrecklich, das soll mein Kind auf keinen Fall erleben«. Dadurch übersehen wir manchmal die Lebenswelt unserer Kinder heute. Vielleicht hat es mir doch geschadet, dass mein Vater mir immer eine Kopfnuss gegeben hat, die Oma mich mit dem Kochlöffel großgezogen hat oder dass schlechte Noten mit Liebesentzug bestraft wurden. Vielleicht hat es mich gedemütigt, verunsichert, traurig gemacht. Wahrscheinlich sogar. Und heute? Demütigen wir unser Kind (und möglicherweise uns selbst) genauso, ohne es uns bewusst zu machen. Vielleicht gönne ich meinen Kindern auch nicht, auf dem Sofa zu »chillen«, weil ich selbst auf dem Hof helfen musste und es immer etwas zu tun gab, sobald ich nach der Schule den Ranzen in die Ecke geworfen hatte. Vielleicht fand ich es schrecklich, dass ich immer mit meinem Vater ins Schwimmbad musste, weil er einen so hohen Anspruch an meine Leistung hatte. In Erinnerung daran gehe ich heute davon aus, dass meine Tochter schwimmen auch schrecklich findet. In Wirklichkeit wünscht sie sich nichts sehnlicher, als mit mir schwimmen zu gehen und dabei Spaß zu haben. Ohne Anspruch. Wenn wir uns erinnern, laufen wir nicht so schnell Gefahr, unsere Wünsche und die Wünsche der Kinder in einen Topf zu werfen. Wir können unterscheiden: Was brauchen die Kinder und was hätte ich damals gebraucht? Und wir können überlegen: Wie kann ich meine alten Wunden heilen und unvoreingenommener auf die Bedürfnisse meiner Kinder schauen?

Erinnern hilft, bewusst zu handeln

Wir können uns bewusst machen: Was war in meiner Kindheit gut? Was möchte ich genauso machen und was möchte ich ändern? In der Erziehung unserer Kinder werden wir immer wieder mit unserer eigenen Geschichte konfrontiert. Wir hören uns plötzlich Sätze sagen, die unsere Eltern schon gesagt und die wir gehasst haben: »Solange du die Füße unter meinen Tisch stellst«, »So gehst du nicht vor die Tür«, »Was sollen denn die Nachbarn sagen?«, »Eigenlob stinkt«. Ihnen werden sicher noch andere Sätze einfallen, die Sie gut kennen und damals alles andere als toll fanden. Das heißt: Wir bringen uns selbst und unsere Geschichte immer mit. Durch die Teilhabe an einer neuen Kindheit, der unserer Kinder, wird sie wiederbelebt. Bewusst und unbewusst. Erinnern heißt, sich etwas bewusst zu machen. Bewusstes können wir uns anschauen, außerhalb unserer selbst, und dann noch einmal neu entscheiden: Wollen wir es auch so machen? Oder wollen wir es anders machen?

Meine Antwort auf die Frage, warum die eigene Vergangenheit so wichtig ist, ist ganz einfach: Weil das Früher das Heute prägt. Weil wir unser heutiges Handeln und Denken und Fühlen, weil wir uns selbst vor allem aus unserer Geschichte heraus verstehen können. Und: Dieses Verständnis erlaubt uns, unseren Umgang mit den Kindern und unsere Kinder selbst besser zu verstehen. Es erlaubt uns zu unterscheiden: Was gehört zu meinem Kind und was hat andererseits nur mit mir und nichts mit meinem Kind zu tun? Wir können noch einmal neu entscheiden, wie wir uns ihnen gegenüber verhalten möchten, indem wir uns die Frage stellen: Was ist eigentlich für dieses Kind, das vor mir steht, gut und hilfreich?

Was wir von uns selbst lernen können

In der Beratung erlebe ich es häufig, dass Klientinnen oder Klienten, egal welchen Alters, in diesem Gefühl leben: Ich bin falsch. Eigentlich müsste ich anders sein. Das ist ein schreckliches Gefühl. Doch es ist so interessant und hilfreich, es benennen, es aussprechen zu können, zu verstehen, woher es kommt und es genau dort einzusortieren, anstatt es weiter mit sich herumzutragen und unbewusst weiterzugeben.

Sich zu erinnern, die eigenen Wurzeln zu kennen hilft uns, sicherer zu stehen. Wir tanken Selbstsicherheit und Selbstgewissheit, die wir möglicherweise in unserer Kindheit nicht in ausreichendem Maße tanken konnten, weil wir nicht gelernt haben, zu uns zu stehen, zu streiten, mit anderen zu spielen, zu sprechen, sie zu unterstützen. Wir werden sicherer in unserer Haltung und in unserem Verhalten.

Wir können uns verstehen und milder zu uns sein. Wir müssen uns nicht abwerten, weil wir etwas nicht gut machen, sondern wir können sehen: Wir machen es so, weil es uns damals geholfen hat. Es war lebensrettend. So konnten wir es durch den Dschungel unserer Kindheit schaffen. Heute ist das Verhalten oft nicht mehr hilfreich. Es braucht etwas anderes. Vielleicht müssen wir die Hoffnung verabschieden, dass wir das, was wir als Kind schmerzlich vermisst haben, heute von jemand anderem, gar von unserem eigenen Kind bekommen. Mit Sicherheit müssen wir das sogar. Es lässt sich nicht nachholen, nicht durch etwas anderes ersetzen. Aber heute als Erwachsener kann ich es verabschieden und schauen, wie ich es mir selbst verschaffen kann. Heute bin ich kein Kind mehr, das auf die Erwachsenen angewiesen ist.

Wir können selbst etwas ändern

Was tun? Aus meiner Sicht sollten alle Menschen, die Eltern werden, eine (kleine) Autobiografie der ersten zwanzig Jahre ihres Lebens schreiben, mit besonderem Augenmerk auf die Kindheit, und dabei Fragen beantworten wie: In welchem Lebensgefühl bin ich groß geworden? Was hat mir geholfen? Was war schwierig? Gab es ein Motto, das in unserer Familie gültig war? Was wurde angesprochen? Was war tabu? Welche Szenen habe ich in besonderer Erinnerung? Welche Menschen spielten eine Rolle für mich? Anschließend kann man mit Freunden darüber diskutieren und das Geschriebene aus verschiedenen Blickwinkeln beleuchten. Am

Schluss sollte man versuchen, es aus dem Blickwinkel der eigenen Kinder zu betrachten. Damit macht man sich und den Kindern den Weg frei, sich unvoreingenommen zu begegnen.

Selbstfürsorge

Sich selbst und gleichzeitig die Kinder entlasten

»Die Selbstliebe ist die Quelle, der Ursprung und das Prinzip aller unserer Leidenschaften; sie allein entsteht mit dem Menschen und verlässt ihn nie, solange er lebt«, meint der Philosoph und Pädagoge Jean-Jacques Rousseau. Als Eltern haben wir oft bis immer zuerst die Kinder im Blick. Wenn ein Baby auf die Welt kommt, ist es komplett auf unsere Fürsorge, unseren Blick, unser Verständnis und unsere Liebe angewiesen. Viele Mütter und auch manche Väter bilden dann so eine Art Mütter-Gen aus, auf dem programmiert ist: versorgen, versorgen, versorgen. Nicht sich selbst, sondern die Kinder und dann auch andere und anderes. Der Haushalt, die Arbeit, der Partner oder die Partnerin stehen auf der Liste. Um diesen gesammelten Versorgungsaufgaben gerecht zu werden, schalten sie auf »Autopilot«, bevor der Tag begonnen hat. Sie funktionieren einfach, um das alles zu erledigen. Die Frage: »Was brauche ich?« oder sogar: »Wer versorgt mich?«, hat darin keinen Platz.

Lehnen wir uns doch einmal im Sessel zurück, wenn die Windel gewechselt, der Tee gekocht, das Kind beschäftigt ist, selbst wenn die Küche sich vielleicht noch im Baustellenzustand befindet, und sinnieren über Frage eins: Was brauche ich? Und dann über Frage zwei: Wie kann ich dafür sorgen, dass es mir gut geht? In Mütter-Blogs finden sich vielfältige Antworten auf diese Fragen: Ruhe, Entlastung, Wertschätzung, Anerkennung, aber auch so etwas wie einen guten Kaffee und mal ausschlafen und nicht kochen müssen.

Sich selbst kennen

Um herauszufinden, was wir brauchen, hilft neben den akuten Glücksbringern wie Pause, guter Kaffee, eine Umarmung des Partners oder der Partnerin ebenfalls ein Blick zurück. Wenn wir uns daran erinnern, wonach wir uns als Kinder gesehnt haben, stellen wir vielleicht fest: Manches von dem, was uns heute so unglücklich macht oder immer wieder in dasselbe Gefühl, vor dieselbe Wand rennen lässt, kennen wir. Einiges haben wir vielleicht aus der Kindheit mitgeschleppt. Welche Sehnsucht, welche nicht heilsame Art, mit uns selbst umzugehen, haben wir unbewusst gelernt, weil sie damals der einzige Weg schien, durch den Dschungel der Kindheit zu gelangen? Was hat uns gefehlt und was fehlt uns – gefühlt – immer noch? Was ist es überhaupt, das wir immer weiter suchen – auch unbewusst bei unseren Kindern? Wärme, Liebe, Anerkennung, Wertschätzung, Unterstützung, das sind die Zutaten, die unser Leben reich und sinnvoll machen. Was davon fehlt uns – oft, immer, manchmal, selten?

Wenn uns das bewusst ist, ist die Frage, ob wir im nächsten Schritt dazu stehen können. Können wir uns eingestehen, dass wir eine große Sehnsucht nach Anerkennung haben, danach, gesehen und geliebt zu werden? Wir können dann auch verstehen, wo diese Sehnsucht herkommt. Das ist jedoch häufig der schmerzliche Teil dieses Prozesses. Wir müssen uns fragen: Wie können wir diese Sehnsucht loslassen, uns eingestehen, dass wir das, was wir als Kind gebraucht hätten von den Menschen, die damals für uns zuständig waren, nicht ausreichend bekommen haben? Können wir das betrauern? Und in einem dritten Schritt: Wie können wir es uns heute selbst geben? Wie können wir heute selbst für uns sorgen?

Das Gute an dieser Erkenntnis ist: Wir können aufhören zu klagen, aufhören, andere für unsere Traurigkeit verantwortlich zu machen. Wir müssen die Erfüllung unserer kindlichen Sehnsucht nicht weiter an Stellen suchen, an denen wir sie niemals finden werden. Wir können selbst etwas tun. Uns selbst helfen – mit Selbstfürsorge.

An sich selbst zu denken ist erlaubt

Es klingt irgendwie nicht so gut, das mit der Selbstliebe. Es klingt so egoistisch, wenn wir sagen, wir müssten für uns sorgen, an uns selbst denken, während doch die Kinder noch an allen Ecken und

Enden Mutter- oder Vaterbedarf haben. Aber befreien wir einmal das Wort »Egoismus« von seiner negativen Seite, die mit Selbstbesessenheit und Selbstsucht definiert wird, bei der es um das Ausnutzen anderer zum eigenen Vorteil geht. Dann steht auf der anderen Seite die Selbstliebe. Vielleicht ist es das bessere, klarere Wort. Für sich selbst zu sorgen, es sich selbst gut gehen zu lassen, heißt nicht, dass das gleichzeitig gegen andere gerichtet ist. Wir tun jeden Tag etwas für uns, und das müssen wir auch. Wie schon gesagt, auch der Wunsch nach Kindern ist in erster Linie ein egoistischer.

Die Selbstliebe ist essenziell für uns und unsere Kinder. Nur wer sich selbst liebt, kann auch andere lieben. Und natürlich lernen wir das von unseren Eltern. Wenn wir tatsächlich gelernt haben, dass sie sich lieben und uns lieben, können wir das unseren eigenen Kindern vorleben und an sie weitergeben. Wenn wir uns selbst lieben, lernen die Kinder, dass es in Ordnung ist, eigene Bedürfnisse ernst zu nehmen, dass es erlaubt ist, sich selbst zu lieben. »Das Große ist nicht, dies oder das zu sein, sondern man selbst zu sein«, meinte der dänische Philosoph Sören Kierkegaard.

Die Psychologin Katharina Grünewald greift in ihrem Buch »Herzzeit« den Satz von Kierkegaard auf und ergänzt: Selbstliebe heißt, unperfekt und richtig zu sein. Das Selbst mit »allen Macken und Begrenzungen«[42] zuzulassen, sich als einzigartig und besonders wahrzunehmen. Eine richtige Kunst für Menschen, die schnell dabei sind, sich und vielleicht auch andere abzuwerten und kleinzumachen. Aber: eine lohnende Übung.

Aus dem obigen Rousseau-Zitat klingt noch mehr heraus: Da ist von Quelle und Leidenschaft die Rede. Stellen Sie sich Eltern voller Leidenschaft und Energie vor – was könnten die alles weitergeben! Gut gelaunte Eltern, die fröhlich und gelassen in den Tag gehen, sind für Kinder eine Quelle des Glücks und der Sicherheit. Sie lernen: Das Leben kann Spaß machen, man kann glücklich sein. Und gleichzeitig müssen sie sich keine Gedanken darüber machen, was sie zum Glück ihrer Eltern beitragen könnten, müssten, sollten.

Gute Eltern sind Eltern, denen es gut geht

Gute Eltern sind Eltern, denen es gut geht, zumindest mit sich selbst. Es sind Eltern, die sich selbst lieben und gut mit sich umgehen, die nicht andauernd sich selbst und andere kleinmachen, nicht ständig klagen und von anderen erwarten, dass sie sie glücklich machen. Denn solche Eltern leben ihren Kindern vor, wie Selbstliebe und Selbstvertrauen gehen. Sie zeigen es ihnen auf zweierlei Weise: indem sie sich selbst lieben und indem sie ihren Kindern liebevoll und mit Respekt begegnen.

Aber zunächst zur ersten Bedingung. Manche Eltern haben das Gefühl, sie dürften sich nicht ausreichend um sich selbst kümmern. Alle Kraft müsse in die Familie, in die Arbeit, die Pflege der Eltern investiert werden. Solche Eltern sind irgendwann völlig ausgelaugt. Sie können nicht mehr. Sie sind schlecht gelaunt, abgespannt und vielleicht fangen sie auch an, ihrer Umgebung Vorwürfe zu machen. Ein ganz simpler Vergleich, um sich klarzumachen, wie wichtig das eigene Wohlergehen ist, wie lebenswichtig eben auch für die Kinder, ist die Ansage, die vor jedem Flug durch die Lautsprecher tönt: »Im Falle eines Druckverlustes fallen automatisch Sauerstoffmasken aus der Kabinendecke. Ziehen Sie dann bitte eine der Masken zu sich heran und drücken Sie die Öffnung fest auf Mund und Nase. Danach helfen Sie bitte mitreisenden Kindern.«– »Danach« – so einfach und so einleuchtend: Wenn wir als Eltern keine Luft mehr kriegen, können wir auch unseren Kindern nicht helfen. Jetzt wird es spannend: Wie erkenne ich meine Bedürfnisse, wenn ich zum Beispiel in meiner eigenen Kindheit nicht erlebt habe, dass auf diese geachtet wurde oder wenn ich eine Mutter oder einen Vater hatte, die oder der auch nicht auf seine eigenen Bedürfnisse geschaut hat?

Eigene Bedürfnisse (er)kennen

Die eigenen Bedürfnisse wahrzunehmen ist für manche Eltern nicht so einfach. Ich erlebe Menschen in der Beratung, die richtiggehend forschen müssen, um zu entdecken, was eigentlich ihre eigenen Bedürfnisse sind. Häufig haben sie sich als Kinder selbst ständig an den Bedürfnissen der Erwachsenen orientiert, immer die Antennen ausgefahren, um zu schauen, was gerade mit den Eltern los ist, weil sie unberechenbar, manchmal wütend und dann wieder sehr freundlich waren. Weil sie sich manchmal zurückgezogen und ihre Liebe entzogen haben. Anne hat zum Beispiel erlebt, dass ihre Wünsche immer wieder ungehört blieben. Ihre Eltern hatten klare Vorstellungen davon, was die Tochter zu tun habe, an welche Schule sie gehen, welche Wahlfächer sie belegen und später, was sie studieren sollte. Diskussionen darüber gab es selten. Widerspruch wurde nicht geduldet. Eigene Wünsche – schnell wieder in die Kiste gepackt und vergessen. Zu gefährlich.

Andere kennen ihre Bedürfnisse nicht so gut, weil sie von ihren Eltern nur gesehen wurden, wenn sie »geholfen« haben. Mira hat das so erlebt. Die Mutter fühlte sich selbst sehr belastet. Sie hatte kein gutes Verhältnis zu ihrer eigenen Mutter, ging aber immer wieder zu ihr, um sich um sie und den Vater zu kümmern. Das hat sie sehr viel Energie gekostet. Immer häufiger bat die Mutter Mira, das für sie zu übernehmen, sich um die Familie zu kümmern, weil sie selbst nicht mehr konnte. Mira tat das, weil sie wusste, dann wird sie zur Verbündeten der Mutter, dann ist sie ihr nah. Wenn sie hilft, wird sie gesehen. Sie hatte auch versucht, sich zu weigern, aber dann ließ die Mutter sie spüren, dass sie nicht mehr dazugehört. Sie besprach keine familiären Themen mehr mit ihr und entfernte sich von ihr.

Die eigene Situation anschauen

»Wenn meine Eltern sich häufiger gegenseitig anschauen würden, würden sie nicht ständig auf mich schauen.« Der Satz von Malte macht deutlich: Zu viel Beachtung durch die Eltern engt ein, belastet, überlastet Kinder. Manchmal konzentrieren wir uns auf die Kinder und versuchen damit die Probleme in der Partnerschaft zu überdecken. »Mit den Kindern ist es schöner, sie sind uns näher, der Partner ist nicht zu ändern«, ist unser Gefühl. Wir können ganz sicher sein: Die Kinder merken das, und es geht ihnen gar nicht gut damit. Sie spüren, dass sie an den falschen Platz geschoben werden. An einen Platz, wo es nicht um sie geht, wo sie nicht hingehören.

Schon sind wir wieder bei der Erinnerung bzw. der Überlegung: Was habe ich als Kind bekommen? Was hat mir gefehlt? Im nächsten Schritt ist es interessant zu schauen: Was habe ich mir immer gewünscht? Was brauche ich? Wann bin ich ausgeglichen und entspannt? Vielleicht hilft dabei das Wissen: Indem ich auf mich selbst schaue, entlaste ich die Kinder, nehme ihnen den Erwartungsdruck. Sie müssen nichts leisten, sondern können in Ruhe groß werden, »chillen«.

Indem ich für mich selbst sorge, lebe ich meinem Kind genau das vor. Viele Eltern fragen mich in der Beratung, wie sie für sich selbst sorgen können bei all den Anforderungen des Alltags. »Wenn jeder an sich denkt, ist an alle gedacht« – diesen Satz sage ich dann manchmal. Nicht zu allen Menschen, die zu mir kommen, aber zu jenen, denen es so schwerfällt, an sich zu denken, die gedanklich immer bei den anderen sind. Sie kreisen darum, was diese denken, was sie sich wünschen, wie sie möglicherweise urteilen, und versuchen, ihr eigenes Verhalten danach auszurichten. Das führt dazu, dass sie sich selbst verlieren und eine unlösbare Aufgabe zu lösen versuchen.

Eine schriftliche Kündigung an das schlechte Gewissen

»Was brauchen Mütter?« Eine Frage, die im Blog »Stadtlandmama« gestellt wurde – und auf die eine Mutter antwortete: »eine schriftliche Kündigung an das schlechte Gewissen«. Aber wie geht das? Auch da ist zunächst einmal die Frage hilfreich: Woher kommt das schlechte Gewissen eigentlich? Warum ist es nie genug? Wieso muss ich immer noch mehr tun? Meist gibt es darauf mehr als eine Antwort: Weil es meinem Vater nie genug war, ihm konnte man nur durch noch mehr Leistung imponieren, und genau das wollte ich doch wie alle Kinder. Und so habe ich immer weiter und immer weiter geleistet, denn es gab ja kein Limit. Vielleicht ist es auch die

Gesellschaft, die Umgebung, in der ich ständig glaube zu sehen, dass andere alles mit links schaffen, mühelos ihr Baby schaukeln, die Mails checken, den Partner küssen und mit dem Staubwedel durch die Wohnung schweben. Oder es ist einfach tatsächlich alles ein bisschen viel und das schlechte Gewissen meldet sich. Wenn das der Fall ist, ist es gut, es erst mal zu begrüßen: »Hallo, da bist du ja wieder. Wir kennen uns.« Und ihm dann klar zu sagen: »Bevor du ganz von mir Besitz ergreifst, spreche ich mal mit den anderen, mit meinem Verstand und mit meinem Wohlbefinden. Warte mal! Mein Verstand sagt mir: Es ist nicht so schlimm, dass die Küche gerade nicht tipptopp ist, und mein Gefühl sagt mir: Es ist gerade tatsächlich viel, was du am Hals hast. Du brauchst eine Pause. – Also zieh erst mal weiter, schlechtes Gewissen. Danke, dass du da warst, so habe ich noch mal meine Situation kurz überprüft und bin zu dem Schluss gekommen, dass du gar nicht so groß werden musst.«

Klingt vielleicht ein bisschen künstlich, der Dialog. Er soll klarmachen: Ich lasse mich nicht von meinem ersten negativen Impuls überrollen, ich sorge für mich, indem ich in mich hineinhöre und mich frage: Möchte ich jetzt mit meinem Kind zum dritten Mal mit den Pferden spielen oder bin ich eigentlich gerade kaputt? Kinder kommen damit zurecht, wenn wir ihnen ehrlich sagen: »jetzt nicht« und ihnen einen Ausblick geben: »in zwei Stunden«. Sie werden es in dem Moment nicht toll finden. Aber sie erleben, dass Eltern sich auch mal Zeit für sich nehmen und später wieder entspannter, ausgeglichener und zugewandter sind. Sie erleben, dass man Nein sagen darf. Auch sie dürfen das.

Wie kann ich mir selbst die beste Freundin, der beste Freund sein?

Eine ganz einfache, hilfreiche Frage ist: Wenn ich meine beste Freundin oder mein bester Freund wäre, was würde ich mir dann wünschen oder empfehlen? Für manche ist das jedoch eine schwierige Aufgabe. Sie verfallen immer wieder in Selbstanschuldigungen und Selbstvorwürfe und sind sehr streng mit sich. Die beste Freundin würde das nicht tun. Sie würde auf mich schauen, auf meine Lebenssituation, und überlegen, wo es Erholung und Entspannung für mich geben könnte. Sie würde herausfinden, wo ich auftanken könnte, was mir guttun würde, was vielleicht näher angeschaut und verändert werden, wer hilfreich sein könnte.

Auf die Frage, was er Eltern empfiehlt, die sich selbst vor lauter »To-Dos« vergessen, gibt der Lehrer und Familienberater Andreas Reinke in einem Podcast mit der Pädagogin Simone Kriebs einen Hinweis – mit Augenzwinkern. Er zitiert eine Kollegin, die sagte, es gehe darum, sich in »Genugtuung zu üben«. Genugtuung bedeute in dem Fall, »sich abends um neun oder um zehn hinzusetzen, um festzustellen: Ich habe für heute auch einfach mal genug getan«. Gemeint ist: Die eigenen Grenzen zu erkennen und zu achten bedeutet, dass ich für mich selbst sorge und gleichzeitig zeige, wie das geht. Unsere Kinder können daraus lernen, auf ihre Grenzen zu achten.

Selbstvertrauen

Keiner muss perfekt sein

»Seine Fehlhaltungen einzugestehen, ist ein Zeichen seelischer Gesundheit«, das wusste der Philosoph Lucius Annaeus Seneca schon vor mehr als zweitausend Jahren. »Entschuldigung, es tut mir leid« oder »Ich war nicht gut drauf«, »Es war mein Fehler«. Warum fällt es vielen von uns so schwer, das zu sagen? Oder anders: Bevor wir uns zu einem Fehler »öffentlich« bekennen, steht die eigene Einsicht. Wir müssten es uns erst mal selbst eingestehen. Warum fällt uns das oft so schwer? »Da habe ich etwas falsch gemacht.« »Weil ich noch am Handy gespielt habe, waren wir unpünktlich.« »Ich habe nicht den eigentlichen Grund genannt. Eigentlich möchte ich nicht, dass mein Kind sich mit der Freundin trifft, von der ich denke, dass sie ihr nicht guttut. Stattdessen habe ich eine Ausrede gesucht.« »Letzte Woche habe ich in meiner Wut einfach das Handy einkassiert, obwohl die Sechs in Mathe nichts damit zu tun hatte. Ich war einfach so wütend und so enttäuscht und wollte meinen Sohn bestrafen. Eigentlich war er durch die Sechs schon gestraft genug.« »Gestern habe ich dich zu Unrecht beschuldigt. Die Flasche Wein ist wieder aufgetaucht. Papa hatte sie mit seinen Freunden geleert.« Es gibt täglich Situationen, in denen Mütter und Väter Fehler machen. Eigentlich ganz normal. Wie kommt es, dass der Umgang damit so schwer ist?

Bloß nichts zugeben

Was haben wir selbst als Kinder gelernt? Was haben wir persönlich erfahren? Auch bei der Frage, wie wir mit Fehlern umgehen, spielt wieder unsere eigene Geschichte eine große Rolle. Wie ging man in unserer Familie mit Fehlern um? Was haben wir uns bei unseren Eltern oder anderen Erwachsenen abgeschaut? Konnten unsere Eltern eingestehen, wenn sie etwas nicht gut, einen Fehler gemacht haben? Wenn sie selbst Schuld hatten, dass wir den Bus verpasst haben oder der Kaffee verschüttet wurde? Konnten sie zugeben und es uns ins Gesicht sagen, dass sie uns gestern angeschrien haben, weil sie selbst so schlecht drauf waren?

Und umgekehrt: Wie ist es uns ergangen, wenn wir zugegeben haben, dass uns die Wasserflasche aus der Hand gefallen ist, dass wir nicht pünktlich nach Hause gekommen sind, weil es einfach so schön war, dass wir tatsächlich geraucht haben? Konnten unsere Eltern die Wahrheit vertragen? Oder mussten wir mit Riesenärger, mit Strafen oder sogar mit beschämenden Beschimpfungen rechnen? Manche Erwachsenen haben erlebt, dass sie bloßgestellt oder verachtet wurden, wenn sie etwas nicht gut konnten, wenn sie sich geirrt haben, wenn eine empfindliche Stelle, eine Wunde offenbar wurde. Sie wurden herabgewürdigt, wenn ihnen ein Missgeschick passiert ist oder sie eine falsche Entscheidung getroffen haben. Es wurde ihnen vorgehalten, dass sie heimlich die Schokolade oder die Flasche Cognac mitgehen lassen haben, dass ihnen etwas kaputtgegangen ist, sie eine schlechte Note geschrieben oder nicht angerufen haben, um zu sagen, dass es noch länger dauert, bis sie nach Hause kommen. Bei manchen war dann die Angst groß, heruntergeputzt oder sogar damit aufgezogen zu werden. Andere haben erlebt, dass ihre Eltern, wenn sie eine Schwäche zugegeben oder eine Schuld eingestanden haben, noch einmal das Messer in der Wunde herumgedreht haben. Es wurde ihnen ewig vorgehalten, dass sie einmal das Licht haben brennen lassen oder dass sie den Schlüssel verloren haben. Alles gute Gründe, nichts zuzugeben, bloß keinen Millimeter abzuweichen von der Position: »Ich war's nicht. Ich habe alles richtig gemacht.« Vielleicht haben die Eltern ihre Schwächen auch nicht eingeräumt, weil sie es selbst nicht gelernt haben, weil sie nicht als schlechte Eltern gelten wollten, weil sie Angst vor Strafen hatten, oder aus Angst, sich schuldig zu machen, Verantwortung zu übernehmen.

Alles richtig zu machen, das ist ein Wunsch, mit dem viele Eltern in die Beratung kommen. Sie suchen Bestätigung dafür, dass ihr Erziehungsverhalten in Ordnung war, weil sie Angst davor haben, schuld an einer negativen Entwicklung der Kinder zu sein.

Irgendwie ahnen sie insgeheim, dass es mit ihrem Verhalten zusammenhängen könnte. Sie befürchten, dass es an ihnen liegt, dass ihre Kinder in der Schule nicht die erhofften Noten schreiben, dass sie so aggressiv, so launisch, so depressiv oder magersüchtig sind, sich selbst verletzen oder Drogen nehmen. Die Eltern erhoffen sich, in der Beratung sozusagen von offizieller Stelle frei von Schuld gesprochen zu werden. Sie wollen hören: »Alles richtig gemacht. Sie können nichts dafür.« Sie wollen keine Schuld auf sich laden. Das würde das schlechte Gewissen triggern, das eigene Selbstbewusstsein schwächen. Dann müssten sie sich selbst infrage stellen. Und das fällt schwer. Schließlich geht es um etwas Essenzielles: die Leistung als Eltern. Sind wir »Versager« und kriegen das nicht hin, was scheinbar alle anderen schaffen? Die Ansprüche an Eltern heute sind immens. Die Gesellschaft und natürlich auch die Verwandtschaft schaut genau hin, wie sie es machen. Und da dürfen sie keine Angriffsfläche bieten. An den Kindern wird das Versagen sichtbar. Sie können sich nicht erlauben, dass sie aus der Spur geraten. Also halten sie an einem Idealbild fest, von dem sie eigentlich wissen, dass sie es selbst nicht halten können, dass es zwangsläufig kippen muss.

Wenn es kippt, dann bricht das andere Extrem hervor: »Eltern stehen unter einem ungeheuren Druck« ist ein Interview vom 23.11.2020 in der »Süddeutschen Zeitung« mit der Psychologin Birgit Langebartels betitelt. Sie beschreibt die Wirkung dieser Ansprüche so: Die meisten Eltern leben zwischen Überanspruch und gefühlter Verwahrlosung. Sie stehen unter einem unglaublichen Druck, alles gut und richtig zu machen. »Koche ich nicht jeden Tag frisch, habe ich als fürsorgliche Mutter versagt. Bekomme ich nicht jede Gefühlsregung meines Kindes mit, bin ich als Vater gescheitert.« Also bemühe ich mich, das alles zu schaffen. Und wenn das dann zwangsläufig scheitert, reißen alle Dämme, die Kinder dürfen, solange sie wollen, am Handy oder am Computer spielen und ich kaufe dazu Junkfood.

Der Druck, der Anspruch, alles hundertprozentig richtig zu machen, verstellt uns den Blick auf unsere vermeintlichen Unzulänglichkeiten, auf das, was wir als fehlerhaft ansehen oder von dem wir glauben zu wissen, dass andere es nicht gutheißen würden – unsere

Eltern, die Nachbarn, die Eltern der Freunde der Kinder, die Lehrer. Alle diese Stimmen schwirren in unserem Kopf herum und geben uns »Anweisungen«: »Das war nicht gut«, »Das macht man so nicht«, »Das geht noch besser«. Dabei ist es vielleicht genau andersherum und gerade die Fehler sind der richtige Weg. Wir selbst und unsere Kinder lernen mehr dabei, wenn wir die Fehler anschauen, als wenn wir sie ausblenden und mit aller Kraft von uns weghalten. Wenn alles glattläuft, lernen wir nichts, die Kinder werden in Watte gepackt, wir räumen ihnen alle Hindernisse aus dem Weg. Sie haben scheinbar perfekte Eltern – und sie verzweifeln. Sie verzweifeln daran, dass sie es selbst nicht so hinbekommen.

Eigentlich weiß jeder, dass niemand perfekt ist, und das ist gut so. Mir fällt dabei immer Werner Neuhaus ein. Er war Professor für Germanistik an der Kölner Uni, als ich gerade im ersten Semester Germanistik studierte. Professor Neuhaus hielt die Einführungsveranstaltung für Erstsemester. Den etwa fünfhundert Neulingen, die gerade ihren ersten Tag an der Uni erlebten, erzählte er vom »Großen Uni-Bluff«. Der geht so: »Der Professor stellt in der Vorlesung eine Frage. Es meldet sich einer. Er weiß die Antwort. Bingo. Ich denke mir: ›Boah, alle wissen die Antwort, nur ich nicht. So was muss man also wissen an der Uni, aber ich weiß es ja nicht, also komme ich hier nicht mit.‹ Derjenige, der die richtige Antwort wusste, denkt sich: ›Das war ein totaler Zufall, dass ich das wusste. Viele andere Fragen kann ich auch nicht beantworten. Bloß nichts anmerken lassen.‹ Ganz im Inneren ist uns allen bewusst: Wir wissen nicht alles, wir können nicht alles, wir sind nicht perfekt. Aber das zuzugeben, ist riskant. Ab und zu, wenn wir im stillen Kämmerlein sitzen und darüber grübeln, bleibt das Gefühl: ›Eigentlich bin ich ein Hochstapler oder eine Hochstaplerin. Ich gebe vor, alles richtig zu machen, aber es stimmt nicht.‹« – Ich war Professor Neuhaus sehr dankbar und bilde mir ein, dass nach seiner Geschichte ein Seufzer der Erleichterung durch die Reihen ging.

Perfekt sein zu wollen, keinen Fehler zuzulassen, kann uns fertigmachen. Denn perfekt gibt es so gut wie nicht. Es besteht immer ein Mangel. Egal, wie gut wir etwas gemacht haben, das Gefühl bleibt: Es könnte noch besser werden. Also legen wir uns wieder ins

Zeug, strampeln uns ab, versuchen, das Letzte aus uns herauszuholen. Oft etwas, das niemand wirklich braucht, niemand registrieren wird, das aber in unseren Augen immer noch nicht reicht. Zufriedenheit stellt sich eigentlich nie ein. Das heißt, wir sind ständig enttäuscht. Oft werden wir in unserem Perfektionismus sogar langsamer und umständlicher. Das macht uns zusätzlich Stress. Es ist ein Teufelskreis, der nie wirklich zum Erfolg führt.

Wenn die Kinder perfekt sein sollen

Kinder möchten von ihren Eltern wahrgenommen werden. Sie sollen sie sehen und loben. Dahinter steht: Kinder wollen sich ihren Eltern nah fühlen. Sie wollen Bestätigung. So können sie weitergehen, den nächsten Schritt ins Leben wagen. Kinder spüren auch, was Eltern von ihnen erwarten, selbst wenn diese das nicht direkt aussprechen. Wenn sie zum Beispiel in einem Moment sagen: »Hauptsache, du bist glücklich« und im nächsten: »Aber du könntest schon bessere Noten schreiben, wenn du dich anstrengen würdest«, dann wirkt der »Aber-Satz« nachhaltig.

Eltern und Kinder sind sich darüber häufig nicht im Klaren. Kinder spüren die Ansprüche und die Wünsche, auch die geheimen, nicht geäußerten. Und die wirken. Wie wir das als Eltern bewerkstelligen, ist uns manchmal selbst nicht klar. Etwa, wenn unser Kind mit einer Mathearbeit nach Hause kommt. Zehn Aufgaben hatte es zu rechnen. Neun davon sind richtig, eine falsch. Was glauben Sie, über welche Aufgabe in vielen Familien am meisten gesprochen wird? Und das ändert sich auch nicht, wenn die Kinder längst groß sind.

Erika war sehr stolz auf ihre Masterarbeit als Biochemikerin. Sie hatte mit einer Eins abgeschlossen. Das würde auch ihren Vater stolz machen. Sie hatte immer versucht, ihn über ihre schulischen Leistungen auf sich aufmerksam zu machen. Das war die Währung, die zählte, für die es Zuwendung gab. Knappe Zuwendung. Als sie ihm jetzt als junge Erwachsene ihre Arbeit präsentierte, passierte etwas, das sie von früher kannte: Als Erstes fiel ihm auf, dass sie einen Kommafehler übersehen hatte. Die Note selbst fand er gut, aber es war eben nicht alles gut. Das »Aber« wischte alles Gute vom Tisch und aus ihrem Herzen.

Der Hamburger Professor Michael Schulte-Markwort hat in seinem Buch »Burnout-Kids« eindrücklich beschrieben, wie Kinder und Jugendliche unter dem Leistungsdruck leiden, dem Druck, gut und besser und noch besser zu sein. Ich erlebe es in meiner Praxis auch. Kinder und Jugendliche, die begabt sind, gute Noten schreiben, viel leisten, sind erschöpft, reagieren mit Rückzug, Tics, Depressionen, Ängsten und dem sich verstärkenden Gefühl: »Ich schaffe es nicht. Ich bin den Anforderungen des Lebens nicht gewachsen.« Markworts Analyse: »Unsere Kinder sind ein Thermometer unserer Zeit. Das Fieber steigt und wir haben lediglich Wadenwickel zur Hand.«[43] Als Ursache kommen aus seiner Sicht mehrere Faktoren infrage: historische und aktuell-gesellschaftliche sowie individuelle und kollektive Prozesse. Das heißt: Wir können als Eltern nicht alles beeinflussen, aber einen Teil. Und dem sollten wir uns zuwenden. Fehler anzuerkennen und wahrhaftig zu sein ist einer davon.

Fehler machen uns menschlich und für unsere Kinder greifbar und liebenswert

»Den größten Fehler, den man im Leben machen kann, ist, immer Angst zu haben, einen Fehler zu machen«, meinte der evangelische Theologe Dietrich Bonhoeffer. Wir glauben, Fehler machen uns angreifbar. Aber das stimmt nicht. Wenn wir sie annehmen und zu ihnen stehen, machen sie uns sogar stark. Abgesehen davon, dass die meisten Fehler nicht unter der Oberfläche verborgen bleiben. Sie suchen sich ihren Weg. Sie kommen heraus und bohren in uns weiter. Sie wirken, ob wir uns sie eingestehen oder nicht.

- Wenn wir Fehler eingestehen, sind sie heraus. Wir können uns entschuldigen und sind aufrichtig. Wir schüren kein Misstrauen, auch nicht bei unseren Kindern. Das heißt: Wir säen Vertrauen.

Und das ist der Stoff, aus dem eine gute Eltern-Kind-Beziehung besteht.

»Fehlerfreundliches Management« – in der Wirtschaft, in der Politik hat man das schon länger entdeckt. Einzelne Manager großer Unternehmen beschrieben es als fortschrittliche Unternehmenskultur. Und sie taten recht daran. Wenn in Unternehmen Fehler vertuscht werden, schürt das Feindseligkeiten, Misstrauen, und es kann weitreichende Konsequenzen für die Produktion haben. Vor diese Erkenntnis gehört die Einsicht: Alle Menschen machen Fehler. Oder wie meine Großmutter es formulierte: »Wer macht, macht Fehler.« Das heißt allerdings nicht, dass jemand, der nichts tut, keine Fehler macht.

Der Erziehungsberater Jan-Uwe Rogge hat es schon vor Jahrzehnten in seinen Vorträgen betont: Zehn Fehler am Tag sind erlaubt. Andere Erziehungsberater wie etwa Jesper Juul erhöhen auf zwanzig und mehr. Es geht eben nicht darum, keine Fehler zu machen, sondern darum, wie man damit umgeht. Wenn wir selbst eher dazu neigen, keine Fehler zu machen oder die Fehler, die wir machen, zu verstecken, ist es gut, sich zu fragen: Warum tue ich das? Was sind die Gründe für meinen Perfektionismus? Warum habe ich Angst vor Fehlern? Liegt es an dem, was ich erlebt habe? Habe ich schlechte Erfahrungen mit dem Eingeständnis von Fehlern gemacht? Mussten Liebe und Anerkennung durch Fehlerlosigkeit verdient werden? Weiß ich vielleicht gar nicht, wie das geht, weil ich es nicht gelernt habe? Ist es der gesellschaftliche Druck, den ich verspüre, weil ich den Eindruck habe, die anderen machen auch keine Fehler? Weil bei Instagram alles immer perfekt aussieht? Denke ich sehr viel darüber nach, was andere denken könnten, oder ist es mein eigener Anspruch, der mir Druck macht? Und woher kommt dieser Druck?

Wie kann ich mich verstehen und milder mit mir sein?

Der erste Schritt – und den kann ich ganz allein gehen – ist, sich selbst zu verstehen und zu begreifen: Als Kind hatte ich gute

Gründe, meine Fehler zu vertuschen. Aber heute brauche ich das nicht mehr. Heute kann ich die Sache selbst in die Hand nehmen und zu mir stehen. Heute gibt es niemanden, der mich dafür herunterputzt und blamiert. Und wenn es doch so jemanden gibt, kann ich ihm anders begegnen als früher. Ich bin kein Kind mehr.

Vielleicht kann ich die Sache langsam angehen, indem ich neue Erfahrungen sammle. Ich gestehe Fehler ein und sehe, es passiert gar nichts Schlimmes. Es geht mir wahrscheinlich sogar besser. Auch mein Kind kommt damit gut zurecht, keine fehlerlose Mutter und keinen perfekten Vater zu haben, sondern eben Eltern, die Verantwortung für sich und ihr Tun übernehmen.

Wie gehen wir mit Fehlern um?

Unser Umgang mit Fehlern ist entscheidend. Wenn wir als Eltern etwas falsch machen, etwa unser Kind zu Unrecht beschuldigen, ist es entlastend für beide, wenn wir sagen: »Es tut mir leid. Ich habe mich geirrt. Entschuldige bitte.« Die Kinder lernen dreierlei. Erstens: Eltern sind auch nur Menschen. Zweitens: Man kann sich entschuldigen. Alle Menschen machen Fehler, und das ist völlig in Ordnung. »Bruch und Reparatur« nennt das die englische Psychologin Philippa Perry. Und sie fügt hinzu, dass dies die eigentliche Währung der Elternschaft sei.[44] Und das Dritte und vielleicht Wichtigste, das wir signalisieren, wenn wir Fehler eingestehen: Wir übernehmen Verantwortung für uns und unser Handeln. Es geht nicht um Schuld oder darum, Schuldige zu suchen. Das wäre eine Sackgasse, denn wenn wir Schuldige ausmachen, muss nichts mehr infrage gestellt werden, wir müssen uns mit dem Thema nicht mehr beschäftigen und es findet keine Entwicklung statt. Ende. Sackgasse.

»Schuld abladen verboten«, steht auf einem Schild in der Beratungsstelle, in der ich lange gearbeitet habe. Denn das führt zu nichts. Wenn wir dagegen zu unseren Fehlern stehen und Verantwortung für unser Tun übernehmen, merken wir, dass wir augenblicklich stärker werden. Wir nehmen die Sache in die Hand und hoffen nicht regungslos, dass wir irgendwie unter dem Radar bleiben. Wir sitzen nicht wie das Kaninchen vor der Schlange und ängstigen uns, dass es doch jemand bemerkt – was früher oder später passiert. So bleibt uns erspart, dass wir uns selbst nicht mehr im Spiegel anschauen können, weil wir feige waren, uns und unseren eigenen Kindern gegenüber.

Der achtzehnjährige Jonas, der sich seit einiger Zeit politisch engagiert, reflektiert darüber, wie er gelernt hat, Verantwortung zu übernehmen. Die Antwort findet er darin, dass Fehler einzugestehen ein Weg war, Probleme zu bereinigen: »Verantwortung wurde mir in der Erziehung als wichtiger Wert vermittelt. Ich weiß, dass es meine Eltern nicht leiden konnten, wenn ich irgendwas getan hatte, wenn auch nur aus Versehen, zum Beispiel irgendwelche Sachen umgeworfen, und dann einfach ins Nebenzimmer gegangen bin und gehofft habe, dass es keiner sieht. Dann gab es immer Ärger. Nein, dann muss man dazu stehen und das Zeug wegmachen. Das war immer die Devise. Und wenn ich das gemacht habe, war es nicht schlimm, das passiert nun mal. Ich habe einen Fehler gemacht, aber ich habe dann gesagt: ›Ich war's.‹ Dann habe ich es weggemacht und es war gut.«

Einen Ausweg offenhalten

Wenn wir Fehler als normal, als zu unserem Leben dazugehörig wahrnehmen, wenn wir uns dazu bekennen und Verantwortung übernehmen können, dann ist das auch das Signal an andere: Es geht nicht darum, dass irgendwer blamiert wird. Jeder kann sein Gesicht wahren und aufrecht in die Welt schauen.

Gerade wenn Kinder Fehler machen, ist es so wichtig, dass wir ihnen helfen, ihr Gesicht zu wahren. Etwa wenn wir merken, dass unser Kind Angst hat, etwas einzugestehen, weil es eine Strafe fürchtet. Dann können wir es stabilisieren, indem wir sagen: »Na gut, vielleicht war es der Heilige Geist, der die Flasche umgeworfen hat. Aber würdest du die Scherben zusammenkehren?« Wenn wir sie so in die Enge treiben, dass sie keine Chance mehr haben, dabei unbeschadet zu bleiben, verunmöglichen wir ihnen damit, den Fehler einzugestehen. Daher: Eltern dürfen Fehler machen – und Kinder auch!

Zudem ist es immer hilfreich, statt auf das zu schauen, was nicht da ist, auf das zu sehen, was da ist. Also auf die neun Aufgaben, die richtig gelöst sind. Das ist doch das Tolle: Ein Fehler ist nichts Schlimmes. Stattdessen auf das Gute schauen und es bestärken. So kann es wachsen.

Leuchtturm sein

Sich als Eltern sicher fühlen und Orientierung geben

»Es gibt keine andere vernünftige Erziehung als die, ein Vorbild zu sein. Wenn es nicht anders geht – ein abschreckendes« – ziemlich mutig, der Satz von Albert Einstein. Mutig den Kindern gegenüber. Darin steckt die Bereitschaft, sich unbeliebt bei ihnen zu machen, es auszuhalten, von ihnen nicht nur toll gefunden zu werden. Zumindest eine Zeit lang. Gar nicht so einfach. Besonders dann nicht, wenn man sich als Eltern nach Bestätigung, nach Zweisamkeit, nach ein bisschen Harmonie sehnt.

Es klingt vielleicht erstaunlich, dass die allermeisten Kinder und Jugendlichen sich wünschen, dass die Eltern »der Boss« zu Hause sind. Die vierzehnjährige Carla empört sich zum Beispiel darüber, dass die Eltern ihrer Freundin sie einfach machen lassen, sich von ihr anschreien lassen und am Ende immer nachgeben. »So löst man keine Probleme«, findet sie. Sie ist froh darüber, dass ihre Mutter »einen Plan hat«, dass sie bestimmte Dinge vorgibt. Auch wenn das manchmal nervt. Sie begründet das so: »Ich glaube, man weiß in so einem Alter schon, was richtig für einen ist, aber halt nicht immer. Dann ist es, glaube ich, auch gut, wenn jemand anderes mal auf die Sache schaut und das dann entscheidet.« Und nach einer Pause des Nachdenkens fügt sie hinzu: »Ich glaube, es ist einem nicht so bewusst, aber es nimmt einem schon eine Last.«
Die Haltung von Carlas Mutter dazu klingt unmissverständlich: »Der Grundrahmen kommt schon sehr klar von mir, aber sie hat durchaus Spiel.« Eine besondere Herausforderung für sie und für die meisten anderen Eltern war die Corona-Zeit, als die Schulen geschlossen waren. »Da war

es so, dass Carla dachte, sie steht jeden Tag um zwölf Uhr auf und macht dann irgendwann mal eine Aufgabe – da war ich total der Boss. Dann habe ich gesagt: ›Ich dachte, halb neun.‹ Und schließlich haben wir uns auf halb zehn geeinigt. Das war auch ein echter Kampf am Anfang, weil die halbe Klasse überhaupt nichts gemacht hat. Da habe ich sehr klar gemacht, dass das auf gar keinen Fall läuft. Ich habe aber auch gesagt: ›Um ein Uhr bist du fertig, und dann machst du, was du willst.‹«

Carla habe ich getrennt von ihrer Mutter interviewt. Sie hat das Thema auch ins Spiel gebracht, und ihre Sicht deckt sich erstaunlich genau mit der ihrer Mutter: »Wenn sie mich nicht wecken würde, würde ich wahrscheinlich bis ein Uhr schlafen und gar nicht aufstehen. Ist halt dann auch gut, wenn man so ein bisschen Struktur hat und sie ein bisschen dafür sorgt, dass ich mal was mache. Ich finde, man soll jetzt nicht den ganzen Tag im Bett liegen, sondern es ist auch gut, wenn man mal was macht, an die frische Luft geht. Sie kümmert sich um mich und das find ich gut, weil ich glaube, allein würde ich das nicht wirklich machen.«

Dieses Kümmern hat einen Effekt, der ein bisschen versteckt ist und erst viel später, wenn die Kinder vielleicht Mitte zwanzig sind, ausgesprochen wird. Sie spüren: Ich bin meinen Eltern nicht egal. Ich bin wichtig.

Immer nur eine Sache auf einmal

Viele Freiheiten, viele Wege, viele Wahlmöglichkeiten stehen uns heute in den meisten Lebensbereichen offen. Im Supermarkt fragen wir uns: Welches Öl, welchen Käse, welchen Softdrink wähle ich? Bei der Berufswahl fragen sich Abiturienten und Abiturientinnen: Für welchen der über 20.000 Studiengänge soll ich mich entscheiden? Oder ist es doch besser, zuerst ins Ausland zu gehen? Wenn ja, wohin? Welcher von den vielen Orten kommt infrage? Oder vielleicht erst ein Freiwilliges Soziales Jahr oder erst mal einen der über

300 Ausbildungsberufe? In sozialen Netzwerken werden einem unzählige mögliche Freundschaften oder Partnerinnen und Partner im Sekundentakt angeboten. Ein Schlaraffenland aus Angeboten. Einerseits. Auf der anderen Seite steht die Qual der Wahl: Wie finde ich die für mich richtige Antwort auf all diese Fragen? Welche Richtung schlage ich ein? Welcher Partner, welche Partnerin passt am besten zu mir? Manchmal sind die Möglichkeiten so vielfältig, dass ich mich nicht entscheiden kann, dass ich nichts tue oder eben mehreres gleichzeitig. Auch im Alltag ist das so für die Kinder und für uns selbst. Und so versuchen wir manchmal, mehreres gleichzeitig zu tun: auf das Handy zu schauen und den Kindern zuzuhören, Essen zuzubereiten und Vokabeln abzufragen, hier und gleichzeitig woanders zu sein.

Birgit Langebartels nennt diesen Zustand, den viele Familien kennen, »Scheinstabilität«. Die Kinder erleben Eltern, die körperlich anwesend, seelisch und gedanklich aber abwesend sind. Sie lesen vor und planen zeitgleich ihren nächsten Arbeitstag, sie spielen mit den Kindern und gehen dabei die Einkaufsliste durch. Multitasking eben. Das ist so schwer zu fassen und zu benennen. Die Kinder, die darüber reden, erzählen zunächst, dass ihre Eltern da sind. Darunter liegt aber die Frage: Wie sind sie eigentlich da? Welcher Teil von ihnen ist anwesend und welcher nicht? Vielleicht hören Eltern dann schon mal: »Du hörst mir gar nicht zu«, »Du schaust immer nur auf dein Handy«. Spätestens ein solcher Satz sollte uns zu denken geben.

Wir alle müssen uns oft um viele Dinge gleichzeitig kümmern. Menschen, die mit uns zusammen sind, spüren, dass wir Stress und Abwesenheit ausstrahlen. Das verunsichert sie. Häufig ist auch wenig Raum, sich voll und ganz auf die Kinder einzulassen, ihnen zuzuhören, ihnen Aufmerksamkeit zu schenken. Und das macht etwas mit beiden: Eltern fühlen die Anforderungen, die von allen Seiten auf sie einprasseln, sie sind gestresst, überfordert, unzufrieden mit sich selbst. Nicht selten sind sie aufbrausend und ungehalten in Situationen, die für die Kinder nicht vorhersehbar sind. Es ist einfach zu viel. Die Kinder spüren die Überforderung der Eltern. »Kinder haben aber eine heimliche Sehnsucht nach Berechenbarkeit und Verlässlichkeit«, meint Birgit Langebartels. »Die Überforderung der Eltern und die daraus entstehende Unberechenbarkeit erschwert ihnen das Aufbauen eines Grundvertrauens und kann den Nährboden für das Entstehen einer Depression bereiten.«[45] Denn häufig suchen die Kinder dann die Schuld bei sich. Sie haben das Gefühl: Ich bin es nicht wert, dass meine Eltern sich ganz auf mich einlassen. Ich bin nicht wichtig genug. Irgendetwas ist falsch an mir. Sie sind unsicher und unglücklich, fangen vielleicht an zu betteln, anhänglich, traurig oder aggressiv zu werden.

Viele Kinder tun heute auch dasselbe, was ihre Eltern tun: Sie sitzen bei Tisch und holen sich gleichzeitig über das Handy ihre Freunde ins Esszimmer, »beamen« sich weg. Jeder ist in seiner Welt und hat gleichzeitig keine sichere Welt. Deshalb ist es auch so wichtig, Vorbild zu sein: Kinder machen nach, was wir ihnen vormachen. Und gegen Multitasking hilft nur eins: immer nur eine Sache gleichzeitig tun.

Gipfelstürmer brauchen ein Basislager

Der Satz des englischen Bindungsforschers John Bowlby: »Gipfelstürmer brauchen ein Basislager« ist ein treffendes Bild dafür, was Kinder benötigen, um sich gut zu entwickeln und um in die Welt gehen zu können. Sie brauchen Halt, Sicherheit, Verlässlichkeit und etwas, das »immer zur selben Zeit am selben Ort passiert«, wie es mir mal eine Jugendliche erklärt hat. »She was a parent«[46], schreibt der Rockstar Bruce Springsteen in seiner Autobiografie »Born to run« über seine Mutter. Und er führt aus, was er damit meint: Sie stand immer hinter ihm und zu ihm. Wenn er etwas angestellt hatte und von der Polizei aufgegriffen worden war, kam sie, um ihn herauszuholen. Sie hat ihn immer unterstützt. Wenn er sich etwas gewünscht hat, versuchte sie, ihm diesen Wunsch zu erfüllen. Obwohl sie wenig Geld hatte, hat sie ihm die erste elektrische Gitarre gekauft und ihn dazu ermutigt, Musik zu machen. Sie fand seine ersten Songideen toll und gab ihm genau den »support«, den er brauchte. »Sie war Eltern« – sie beschützte, verteidigte und ermutigte gleichzeitig ihren Sohn. Sie war für ihn zuverlässig da. Das wusste er. Das war der eine Teil – der beflügelnde.

Die siebzehnjährige Lisa, die sich bei Fridays for Future engagiert, erklärt ihren Mut, das zu tun, auch aus dem Rückhalt, den sie bekommt: »Ich habe das Glück, dass ich von zu Hause eher bestärkt werde und entweder Verständnis bekomme oder auch Zustimmung und Unterstützung bei dem, was ich tue.« Rückhalt sei enorm wichtig, meint sie. Sie erhalte ihn aus der Familie und von ihren Freundinnen und Freunden. Das bedeute aber nicht, dass ihre Eltern alles guthießen, was sie tue. Manchmal seien sie »kritische Berater« und gäben zu bedenken, dass manches auch schieflaufen könne, und das tue dann ganz gut, »weil sie in manchen Dingen weiterschauen«.

Kinder brauchen unser Wohlwollen und unseren Schutz

Kinder brauchen unseren Schutz, um groß werden zu können. Das heißt, dass es Dinge gibt, über die sie sich keine Sorgen machen müssen sollten. Es liegt in unserer Verantwortung als Eltern, sie vor Bedrohungen, Gefahren, Überforderung zu schützen. Ich habe einmal ein Interview mit Wolfgang Niedecken, dem Sänger und Kopf der Gruppe BAP, zum Thema »Erziehung« geführt. Er hat vier Kinder, zwei Töchter und zwei Söhne. Ich habe ihn nach seinem Selbstverständnis als Vater gefragt, danach, wie er seine Aufgaben sieht. Ihm waren vor allem zwei Dinge wichtig: »Meine Kinder sind die, für die ich zuständig bin. Wenn ich das mit archaischen Bildern beschreiben würde, dann würde ich sagen: ›Ich bin hier immer noch der Silberrücken‹«[47], also sozusagen der Älteste in der Gruppe mit der Verantwortung für alle Jüngeren. Das zweite ist der Blick, mit dem Eltern auf ihre Kinder schauen, die Haltung ihnen gegenüber. Sie ist entscheidend: »Ich denke, dass Erziehung ganz viel mit Güte zu tun hat. (…) Eltern sollten mit Weisheit und Güte auf ihre Kinder gucken. Ich mag gerne diese alten Begriffe dafür. Die treffen es für mich.«[48] Wenn die Kinder unser Wohlwollen spüren, selbst wenn wir gelegentlich unpopuläre Entscheidungen treffen, wird die liebevolle Haltung dahinter in ihren Herzen gespeichert bleiben.

Wie geht denn »Boss sein«?

»Boss sein« klingt hart, aber so ist es nicht gemeint. Es geht um Führung, um Vorgaben, darum, den Kindern Sicherheit zu geben. Und vielleicht hilft dabei die Erkenntnis: Es gibt ihnen Stabilität, wenn sie wissen, woran sie sind. Zum Beispiel, was den Eltern wichtig ist, wo die Leitplanken sind, und dass die Eltern sich so nicht verhalten, um die Macht zu haben oder die Kinder zu ärgern, sondern um ihnen Halt zu geben, damit sie sich gut entwickeln können.

Unsere innere Haltung ist das Entscheidende, wenn wir auf die Kinder schauen, wenn wir etwas verbieten oder erlauben oder wegen etwas Diskussionen anfangen. Wenn ich mich selbst frage, warum ich etwas verbiete oder vorgebe, und dabei ehrlich zu mir bin, werde ich herausfinden, ob es um mein Kind geht oder darum, meine eigenen Ängste zu heilen oder mein Bedürfnis nach Dominanz zu stillen. Beides sind keine Gründe, die ich durchgehen lassen würde, um »Boss« zu sein. Es geht auch hier darum, Verantwortung zu übernehmen, Position zu beziehen, damit sich die Kinder an mir reiben, mich als Leuchtturm in der Ferne oder in der Nähe ansteuern, sich von mir entfernen und wieder näher herankommen können. Dabei wissen sie aber immer: Ich bin da. Ich stehe auf ihrer Seite und vielleicht sehe ich gerade etwas ganz anders als sie. Auch das ist gut und gibt Orientierung.

Für Eltern ist das umso leichter, desto sicherer sie sich fühlen: Unsere Liebe ist nicht in Gefahr. Weder meine Liebe zu meinem Kind noch die Liebe des Kindes zu mir.

Der liebevolle Blick

Woher nehme ich den Mut, mich unbeliebt zu machen? Im Psychojargon würde man vielleicht sagen: indem ich bei mir bleibe. Das heißt, ich mache mein Handeln und Urteilen nicht davon abhängig, wie mein Kind wahrscheinlich darauf reagiert oder was es denkt. Ich habe mir die Sache überlegt. So ist es richtig und wichtig, um mein Kind zu schützen. Das bedeutet, der Mut kommt

- aus unserer eigenen Selbstsicherheit,
- aus der Gewissheit, dass die Liebe nicht infrage steht,
- aus dem Wissen, dass es der Job der Kinder ist, uns infrage zu stellen,
- aus der Einsicht, dass es normal ist, dass die Kinder anderes wollen als wir und dass das nicht persönlich gemeint ist.

Wenn ich das alles weiß, wird es einfacher, eine klare Haltung zu vertreten, zuweilen in den Augen der Kinder richtig doof und bescheuert zu sein und gleichzeitig die Tür aufzulassen für die Erkenntnis, dass ich auch selbst mal im Unrecht bin.

Sagen, was ist

Sicherheit und Orientierung kann ich den Kindern auch geben, indem ich ihnen nichts vormache. Manchmal denken wir vielleicht, wir könnten unseren Kindern nicht die Wahrheit sagen, das würden sie nicht verkraften. Zum Beispiel die Wahrheit darüber, dass wir als Eltern selbst Angst hatten, als Corona oder die Flutkatastrophe unsere Existenz bedrohten. Die Wahrheit darüber, dass wir eine Krankheit haben oder unser Kind eine solche hat, die uns Sorgen macht. Die Wahrheit darüber, dass wir als Eltern unterschiedliche Auffassungen haben und uns manchmal streiten. Wenn Sie sich diese Fragen stellen, dann seien Sie ganz sicher: Ihr Kind ist nicht unsensibel. Es kennt seine Eltern sehr genau. Es lässt sich nicht blenden durch eine Lüge, die Sie ihm auftischen, und wird das Kasperltheater durchschauen. Und es wird sehr verunsichert sein, wenn Sie sagen: »Alles ist in Ordnung«, wenn nicht alles in Ordnung ist. Auf der anderen Seite ist es so verständlich, dass wir die Kinder nicht mit unseren großen Sorgen belasten wollen. Also was tun?

Zweierlei: den Kindern sagen, was ist, und ihnen gleichzeitig versichern, dass wir als Erwachsene uns um das Problem kümmern werden. Indem wir die Wahrheit sagen, geben wir dem Kind die Sicherheit, dass sein eigenes Gefühl stimmt. Es weiß: Ich habe es irgendwie gespürt, dass etwas komisch ist. Ich kann meinem Gefühl trauen. Gleichzeitig habe ich die Sicherheit, dass meine Mutter oder mein Vater mich nicht anlügt. Ich kann ihr oder ihm vertrauen. Das bedeutet allerdings nicht, dass wir den Kindern alles sagen müssen. Aber wenn wir ein Thema haben, das wir nicht mit den Kindern besprechen möchten oder vielleicht auch gar nicht mit ihnen besprechen sollten, dann können wir genau das zu ihnen sagen: »Das möchte ich nicht mit dir besprechen.«

Rituale sind Leuchttürme im Alltag

Auch das gibt Sicherheit, dass Dinge verlässlich zu der immer gleichen Zeit am immer gleichen Ort passieren. Rituale sind etwas, worauf Kinder sich verlassen können. Wir sehen es bei uns selbst, wie wichtig es uns ist, dass bestimmte Dinge am Tag immer gleich sind. Überlegen Sie einmal: Was brauchen Sie, um einen Tag, eine Woche zu gestalten? Morgens immer erst einen starken Kaffee? Mittags ein paar Dehnungsübungen? Abends um acht die Tagesschau? Samstags Telefonat mit der Familie oder der Freundin? Sonntagsabends »Tatort«? Wie schön, wenn das immer so ist. Man kann sich darauf freuen, es gibt Struktur, man kann sich darauf verlassen. Und es ist wichtig und gut, dass wir es uns auch selbst gönnen. Es gibt Halt und wir können uns anlehnen. Wie entlastend!

Kindern geht es nicht anders. Wenn sie klein sind: abends noch eine Geschichte vorlesen und kuscheln. In der Pause immer ein leckeres Schulbrot, nach der Schule erst eine Umarmung und dann eine Limonade. Und für die ganze Familie: einmal am Tag eine gemeinsame entspannte Mahlzeit, bei der man nicht über Schule oder schwierige Themen reden muss. Jugendliche brauchen ebenfalls Rituale, auch wenn manche Eltern sich das gar nicht vorstellen können.

Eine Mutter in der Elterngruppe erzählte einmal, dass ihr sechzehnjähriger Sohn sich beschwert hatte, weil sie an Weihnachten nicht mehr mit ihm Plätzchen backt, so wie sie es in all seinen Kindheitsjahren getan hatte. Sie selbst war ganz erstaunt darüber: »Ich hätte nie gedacht, dass er als Sechzehnjähriger das noch gerne mit mir machen würde.«

Rituale geben Sicherheit, Halt und Stabilität. Gerade in stürmischen Zeiten, wenn es in der Welt gerade nicht so gut läuft, wenn man unsicher ist, Angst hat oder einfach noch mal einen Ruhepol braucht, sind sie ein Anker, an dem man sich festhalten kann.

Ihnen werden noch mehr Rituale einfallen, die vielleicht klein, aber für Sie selbst oder für die Kinder sehr wichtig sind. Besprechen Sie es in der Familie, fragen Sie: Was ist euch wichtig? Welche Rituale mögt ihr gern? Was gibt euch Halt, Sicherheit und Geborgenheit? Welche Rituale können wir vielleicht auch weglassen? Welche neuen sollten wir einführen? Rituale sind Leuchttürme im Alltag.

Voneinander lernen

Erziehung ist keine Einbahnstraße

Es fängt schon an, wenn sie ganz klein sind. Babys können noch nicht sprechen. Sie können uns noch nicht sagen, was sie brauchen, warum sie weinen, warum ihnen nicht wohl ist. Aber es ist so wichtig, dass wir es wissen. Also versuchen wir zu erkennen, was es sein könnte, das unser Kind braucht. Wir schauen in sein Gesicht, wir beobachten sein Verhalten, wir hören auf den Ton des Schreis. Im Kopf haben wir Fragen wie: Wer bist du? Warum weinst du? Wie kann ich dir helfen? Diese Dialoge sind notwendig für uns, um herauszubekommen, was den Kindern fehlt. Für die Kinder selbst sind sie überlebensnotwendig.

Wenn sie dann sprechen können und wir den Eindruck haben, dass sie auch verstehen, was wir sagen, ändert sich etwas. Wir haben die Sprache. Der Erziehungsberater Jesper Juul meint, dass das der Zeitpunkt sei, an dem viele Eltern die Neugier verlieren, entdecken zu wollen, wer ihr kleines Mädchen oder ihr kleiner Junge ist. Aus der interessierten Haltung wird eine Haltung des Lehrens, Anleitens, Verbesserns, Monologisierens.[49] Zum Glück ist das nicht bei allen so, und wir können dafür sorgen, dass es bei noch mehr Eltern erst gar nicht so weit kommt, dass sie sich ihre Neugier, ihr Interesse und ihr eigenes Bedürfnis, auch von den Kindern zu lernen, erhalten.

Den Kindern zuhören

Nicht selten kommen Eltern in die Beratung und erzählen, was sie an ihren Kindern beobachten, wie befremdlich das zum Teil für sie ist und wie gerne sie wissen würden, wie es dazu kam. Warum räumt er sein Zimmer nicht auf? Warum gibt er nicht zu, dass er die Flasche umgeworfen hat? Warum ist meine Tochter gerade so anhänglich? Warum ist mein Sohn so verschlossen? Sie spekulieren, suchen nach einer Antwort für sich, werden ärgerlich und ratlos. Was sie häufig nicht in Ruhe und mit offenem Blick tun: Die Kinder fragen und ihnen zuhören.

Manche Elternfragen wirken allerdings auf Kinder wie Verhöre. Sie können sie nicht beantworten. Oder sie wissen: Meine Eltern vertragen die Wahrheit nicht. Wenn ich ehrlich sage, was ist, dann gibt's Ärger. Das heißt, wir müssen uns selbst überprüfen: Wie frage ich? Sind mein Ärger und meine Drohgebärde, dass es noch mehr Ärger geben könnte, meiner Stimme schon zu entnehmen? Will ich etwas herausbekommen? Mein Kind in die Enge treiben? Recht behalten? Einen Kampf gewinnen? All das ist eher keine gute Ausgangsbasis für ein Gespräch, in dem ich vielleicht etwas lernen, etwas darüber erfahren kann, was mein Kind bewegt.

Eine andere Haltung wäre: Ich bin neugierig, was ich erfahre. Ich bin wirklich interessiert. Ich möchte verstehen und nicht bewerten. Die Kinder spüren den Unterschied und wir werden vielleicht Neues darüber erfahren, was sie bewegt. Auf jeden Fall werden wir den Kindern auf diese Weise das Signal geben, dass wir an ihnen interessiert sind, selbst wenn sie nichts sagen.

»Einfach mal so gefragt werden«

Als ich auf der Suche nach jungen Menschen war, die ich für dieses Buch interviewen könnte, meldete sich, vermittelt über meine Freundin Petra und ihre Kontakte zu Greenpeace, Jonas. Ich habe ihn gefragt, warum er das getan hat, und er nannte mir drei Gründe: »Zum einen dachte ich mir natürlich: Warum nicht? Wenn irgendwer mich nett fragt und ich die Möglichkeit habe, dann bin ich eigentlich eher ein Mensch, der sagt: Warum soll man ihm den Gefallen nicht tun? Es hat dann im Zweifelsfall zumindest einem geholfen. Auf der anderen Seite habe ich gedacht: Das ist bestimmt auch interessant, einfach mal so gefragt zu werden. Wann wird man schon mal so gefragt über seine Haltungen oder seine Beziehungen? Und dann habe ich gedacht: Vielleicht kommen mir da, während ich darüber nachdenke, auch neue Erkenntnisse, dass ich meinen eigenen Horizont erweitern kann.«

Jonas fand es interessant, gehört zu werden und auch durch den Dialog selbst etwas zu erfahren. Selbst von anderen interessant gefunden zu werden einerseits, sich zu interessieren andererseits. Offenheit und Neugier – eine spannende Ausgangslage! Ich selbst habe viel von ihm und auch von meinen anderen Interviewpartnern und -partnerinnen gelernt. Mich hat es sehr bereichert.

In einigen konkreten Bereichen, die unsere Lebensweise betreffen, sind uns die Kinder sehr schnell haushoch überlegen. Und es werden, wenn es gut läuft, immer mehr. Technisch versierter, lernen sie mit intuitivem Verständnis in Windeseile in der Welt der Computer, Smartphones und Co. zu surfen. Auf die Zukunft bezogen, den Klimaschutz, den Wunsch nach einem umweltbewussten, gemeinschaftsorientierten Leben, sind es noch mehr Felder, die sie besetzen, auf die sie uns aufmerksam machen, in denen sie uns etwas beibringen.

»Digital Natives«

Wenn ich darüber nachdenke, worin die Kinder und Jugendlichen mir in Kürze haushoch überlegen waren, fällt mir an erster Stelle die Technik ein, die Digitalisierung.

Als unser Sohn in dem Alter war, in dem er gerne auch mal länger hinter seinem Computer verschwand und nur widerwillig wieder auftauchte, gab es häufiger Stress. Um es gelinde auszudrücken: Es hat uns richtig nervös gemacht, sogar aggressiv, es wurde auch schon mal laut und unnachgiebig. »Jetzt ist Schluss«, dröhnte es dann vor seinem Zimmer aus unserem Mund.

Auch mein Mann fand es überhaupt nicht gut, es kam sogar zu einem heftigen Streit zwischen Vater und Sohn um das »Zocken«. Und das, obwohl er eigentlich etwas ganz anderes machte: Über Stunden und Tage brachte er sich selbst bei, wie man Filme schneidet, um seinem Vater zu dessen fünfzigstem Geburtstag einen gemeinsam mit seiner Schwester gedrehten und geschnittenen Film zu schenken. Die Schelte und Vorwürfe seines Vaters, der das natürlich nicht ahnte, hat er stoisch und kein bisschen murrend über sich ergehen lassen. Meinem Mann tat es später sehr leid.

Und was in dieser Hinsicht auch spannend war: Wir haben darüber gemeckert, dass er ständig am Computer saß. Wenn wir dann aber selbst am Computer saßen und ein technisches Problem hatten, das wir als »Alte«, die nicht so technikaffin waren, nicht lösen konnten, ging regelmäßig ein Ruf durch die Wohnung: »Luca, kannst du mir mal helfen?« Woher sollte unser Sohn und sollten auch die Kinder vieler anderer Eltern wissen, wie es geht, wenn sie sich nicht damit beschäftigen sollten oder durften? Ein paradoxer Anspruch an die Kinder von uns als Eltern!

Wir lernen von den Kindern, digitale Geräte zu bedienen – einerseits. Andererseits ist es wichtig, dass wir sie, wenn sie klein sind, beim Umgang mit diesen Geräten begleiten. Ein Beispiel: »Klicksafe« ist Teil einer gesamteuropäischen Initiative für mehr Sicherheit im Netz. Neben vielen Materialien für Kinder unterstützt sie Eltern dabei, wie sie ihre Kinder Schritt für Schritt an Internet, PC-Spiele, Smartphones und Apps heranführen können. Also lautet der Deal: »Ich zeige dir, wie du sicher surfst, worauf du achten musst, begleite dich, wenn dir etwas, das du im Internet findest, komisch vorkommt, und du zeigst mir technische Tricks, bei denen ich selbst Stunden brauchen würde, um sie herauszufinden.«

Energie sparen

Janina, die Mutter, deren Tochter sie aufgefordert hat: »Mama, mach doch mal das Licht aus!«, hat eine Entwicklung durchgemacht: »Erst war ich überrascht, dann kurz genervt, denn alle Männer, die ich kenne, sagen mir auch ständig, was ich tun soll, und das geht mir total auf den Keks. Dann dachte ich: ›Nee, das ist eigentlich total gut, dass sie das sagt und tut.‹ Und das war ja jetzt Carla und nicht die Männer, die mich hier erziehen wollen.« Auch Greta Thunberg und Lisa, mit der ich gesprochen habe, erinnern ihre Eltern daran, Energie zu sparen, das Licht auszumachen, weniger Plastikmüll zu produzieren, mehr Fahrrad zu fahren.

Was kommt auf den Teller?

Was kaufen wir ein? Wie kochen wir? Was essen wir? In Bezug auf diese Fragen habe ich schon einiges von meinen Kindern gelernt. Als sie noch in der Grundschule waren, haben sie zum Beispiel in der Sendung »Galileo« gesehen, wie man fachgerecht ein Wiener Schnitzel zubereitet. Als ich das einmal vorhatte, schoben sie mich sanft vom Herd weg, um mir dann zu zeigen, wie es richtig geht. Heute machen sie mich darauf aufmerksam, dass man braune Bananen noch zu einem Pfannkuchen oder einem Bananenbrot verarbeiten kann und dass vegetarische Bolognese auch sehr gut schmeckt. Lisa hat ebenfalls in ihre Familie ein Umdenken hineingetragen, das etwas bewirkt hat: »Bei uns zu Hause wird immer Fleisch gegessen. Ich bin schon länger Vegetarierin und es ist auch nicht so, dass ich bei jedem Stück Fleisch, das bei einem der Familienmitglieder auf dem Teller landet, anfange zu diskutieren, aber ich zeige denen auch Gerichte, die vegetarisch und trotzdem genauso gut sind«, sagt sie. »Also vielleicht ist Fleisch das, bei dem ich am meisten den Wandel in unserer Familie beeinflusst habe.« Das Ergebnis: »Sie essen deutlich weniger davon.«

Janina, die Mutter der vierzehnjährigen Carla, hat einige ihrer Ernährungsgewohnheiten verändert, angestoßen durch die Aktivitäten ihrer Tochter: »Ich trink jetzt keine Milch mehr, weil es mir auf den Keks geht, wie diese Leute mit den Tieren umgehen. Ich war früher total gegen vegane Milch. Jetzt trinke ich sie auch und es schmeckt wunderbar.«

Unterwegs sein

Mein Freund Stephan war sprachlos, als er seinem Sohn zu dessen supergutem Abitur ein gebrauchtes Auto schenken wollte. »Nein danke, Papa«, war die Antwort. Und weiter: »Ein Auto verbraucht zu viel, nimmt zu viel Platz weg, ich fahre mit dem Fahrrad. Wenn ich unbedingt ein Auto brauche, dann gibt es immer noch Car-Sharing.« Für weitere Strecken nimmt er den Zug und geflogen wird nach Möglichkeit nicht mehr. Aus Stephans Sprachlosigkeit entwickelte sich eine Erkenntnis: bewusster leben. Bewusster mit Energien umgehen, selbst eher das Fahrrad als das Auto aus der Garage holen. Das Auto, besonders SUVs, sind nicht klimafreundlich. Daran ist es vielen jungen Leuten aber gelegen. Jonas möchte nicht eine ganze Generation, z. B. seine Elterngeneration, für die Klimakatastrophe verantwortlich machen. Das sei nicht nur eine Sache der Eltern, sondern auch Tausender anderer Leute, die sagen: »Ja, ist mir egal, was für ein Klima ist, ich will aber weiter mein dickes Auto fahren.« Zu diesen Leuten sagt er: »Ich kann verstehen, dass ihr euer Auto fahren wollt, aber denkt noch mal ganz genau darüber nach und lasst es bitte möglichst sein.«

In den Spiegel geschaut

Das allermeiste lernen unsere Kinder von uns. Zumindest, wenn sie klein sind. Und dann vor allem durch das, was wir tun und wie wir es tun: Wie wir den Alltag meistern, wie wir sie schaukeln, wenn sie klein sind, sie trösten, wenn sie sich verletzt haben, sie pflegen, wenn sie krank sind, mit ihnen schimpfen, wenn sie etwas getan haben, das uns nicht gefällt. Sie lernen, wie man als Mann oder Frau in der Welt steht, wie man mit Männern und Frauen umgeht, indem sie sehen, wie wir mit unseren Partnern und Partnerinnen und Freunden und Freundinnen umgehen. Sie schauen sich bei uns ab, wie man sich selbst behandelt: liebevoll oder rücksichtslos oder irgendetwas dazwischen. Sie lernen von uns Respekt und verschiedene Haltungen, je nachdem, wie wir uns verhalten. Sie lernen es durch Worte und ohne Worte. Und wenn wir genau hinschauen, können wir sogar sehen, was sie von uns gelernt haben. Denn sie machen uns in vielem erst mal einfach nach. Sie halten uns den Spiegel vor. Wir können an ihrer Lebensweise und Lebenseinstellung sehen, was wir ihnen vorleben. Und wir können uns selbst korrigieren, wenn wir merken, dass wir das nicht gut finden. Das geht aber nur, wenn wir weiter interessiert und neugierig bleiben.

Kindern etwas zutrauen

Vertrauen schafft Selbstvertrauen

Wie können wir die Kinder stärken, eigenständig in die Welt zu gehen, mit Mut und Selbstvertrauen? Weniger, wenn wir ihnen vermitteln, dass sie mehr lernen müssen, mehr Vokabeln, mehr Mathe, mehr von dem, was wir oder die Lehrpläne meinen, das sie lernen sollten. Eher brauchen sie einen Raum, in dem sie experimentieren, selbst Erfahrungen sammeln, selbst entdecken und ausprobieren können. Dazu brauchen sie uns als Begleitpersonen, an denen sie andocken können und die ihnen Sicherheit geben. So etwas Ähnliches hatte vielleicht der britische Philosoph und Mathematiker Bertrand Russell im Sinn, als er schrieb: »Ich hätte gern eine Welt, in der das Ziel der Erziehung geistige Freiheit wäre und nicht darin bestünde, den Geist der Jugend in eine Rüstung zu zwängen, die ihn das ganze Leben lang vor den Pfeilen objektiver Beweise schützen soll. Die Welt braucht offene Herzen und geistige Aufgeschlossenheit, und das erreichen wir nicht durch starre Systeme, mögen sie nun alt oder neu sein.«[50]

Können Sie sich noch daran erinnern, als Sie zum ersten Mal allein Brötchen geholt haben, Ihre ersten Meter Fahrrad ohne Hilfe und Stützräder gefahren sind, Ihr erstes eigenes Geld auf Ihrem kleinen, selbst errichteten Flohmarkt verdient haben? Ein tolles Gefühl voller Stolz. »Ich will allein« oder »ich will selbst«, sagen kleine Kinder manchmal. Allein, selbst etwas zu schaffen, gibt Kraft. Wir spüren: Ich kann etwas bewirken. Ich kann etwas gestalten. Ich bin unabhängig. Ich bin selbstwirksam. Das zu wissen, stärkt für den nächsten Schritt in die Welt.

Die vielzitierten, eher abwertend als »Helikopter-Eltern« bezeichneten Väter und Mütter stehen vielleicht symbolisch dafür, gut auf das Kind aufzupassen, es zu beschützen, aber auch dafür, ihm alle Steine aus dem Weg zu räumen, es nichts selbst entdecken und ausprobieren zu lassen, ihm nichts zu überlassen, ihm quasi keine Flugstunden zu geben, damit es selbst fliegen kann, sondern es immer weiter am Boden, sprich, bei den Eltern zu halten. Das führt manchmal dazu, dass kleine Kinder mit Sturzhelm auf der Mini-Plastikrutsche sitzen müssen oder dass alle Versuche, auf Bäume zu klettern, von einem ängstlichen »Mach das nicht, komm da runter« begleitet werden oder dass Jugendliche samstagsabends um neunzehn Uhr zu Hause sein müssen. Gründe dafür, dass Eltern den Kindern so wenig Freiraum ermöglichen, gibt es viele. Nicht selten steckt dahinter die eigene Angst davor, in die Welt zu gehen. Vielleicht haben Eltern selbst als Kind schlechte Erfahrungen gemacht. Sie sind vom Baum gefallen, weil ihre Eltern gar nicht nach ihnen geschaut haben. Oder sie hatten so angstvolle Eltern, dass sie wenig Gelegenheit hatten, auf Bäume zu klettern, also körperlich die Erfahrung zu machen, dass sie das schaffen, und so Mut zu fassen und Selbstvertrauen aufzubauen. Es könnte auch die Angst davor sein, einen Fehler zu machen, dem Kind zu früh zu viel zuzumuten und dann Schuld daran zu haben, wenn es sich verletzt. Manche Eltern können sich nur schwer von ihrem Kind trennen. Für sie ist das Gefühl sehr stark: Mit jedem Schritt, den es selbstständig macht, entfernt es sich von mir. Das ist auch so. Die Kinder gehen in die Welt, werden unabhängiger von ihren Eltern, werden selbstständig und lernen Schritt für Schritt, ihr Leben zu meistern. Und: Das müssen sie auch. Das ist ihr Weg. Für uns Eltern ist jeder Schritt, den die Kinder allein gehen, gefühlt auch ein wenig Abschied. Da müssen wir durch. Kaum jemand anderer hat das treffender und poetischer in Worte gefasst als Khalil Gibran in seinem Buch »Der Prophet« zu Beginn des 20. Jahrhunderts:

»Eure Kinder sind nicht eure Kinder.

Sie sind die Söhne und die Töchter der Sehnsucht des Lebens nach sich selbst.

Sie kommen durch euch, aber nicht von euch.

Und obwohl sie mit euch sind, gehören sie euch doch nicht.«[51]

Für die Kinder ist Überbehütung genauso fatal wie Vernachlässigung. Wenn wir sie nicht lassen, lernen sie nicht zu »fliegen«, selbstständig zu werden, Vertrauen in sich zu entwickeln. Manchmal kommen solche eingeengten, zu behüteten Kinder in die Beratung und man hat das Gefühl: Da sitzt ein Mensch, der könnte ganz viel, aber irgendwie sind seine Flügel gestutzt.

Was können wir Kindern zutrauen?

Wie geht Zutrauen? Wie finde ich heraus, was mein Kind schon kann, an welchen Stellen ich darauf vertrauen kann, dass es seinen Weg finden wird und an welchen es unbedingt meine Unterstützung braucht? Es gibt dafür keine allgemeingültige Formel. Vieles gilt nicht für alle Kinder in gleichem Maß. Ich muss genau hinschauen, ein Gespür dafür entwickeln, wie weit mein Kind ist, wann der nächste Schritt ansteht. Dabei hilft Selbstvertrauen. Also das Vertrauen in uns selbst. Wenn wir mit unseren Kindern in Kontakt sind, können wir häufig abschätzen, wie weit sie sind, was wir ihnen zutrauen können. Natürlich ist es auch da so, dass wir am besten mit ihnen besprechen, was es bedeutet, allein einkaufen zu gehen, allein eine Party zu geben, mit Freunden in den Urlaub zu reisen. Wir können sie darauf vorbereiten, manches vorher gemeinsam einüben und ausprobieren. Dabei sollten wir darauf achten, wie sie reagieren, mit welcher Freude oder Sorge sie auf das Vorhaben schauen, und dann auch darüber mit ihnen sprechen. So finden wir heraus, was ihnen an Sicherheit fehlt und was sie brauchen, um sich entfalten zu können.

Welche Verantwortung ist angemessen?

Schwieriger ist es einzuschätzen: Welche Verantwortung kann mein Kind tragen? Welche Themen kann ich mit ihm auf welche Weise besprechen? Welche Rollen kann es übernehmen? Welche gehören unbedingt in andere Hände? Das ist deshalb so schwierig, weil manches in dieser Hinsicht leise, unmerklich und schrittweise passiert. Zum Beispiel, wenn wir in unserem Schmerz über die Trennung von unserem Partner oder unserer Partnerin nicht mitbekommen, dass unser Kind mit den Gesprächen und unserer Trauer längst überfordert ist. Denn das Kind will mich trösten, erwachsen sein und die Leerstelle, die in der Familie durch den Auszug eines Elternteils entstanden ist, ausfüllen. Das heißt: Es wird sich vielleicht zunächst nichts anmerken lassen. Denn neben der Überlastung, die es spürt, etwa als Partnerersatz zu fungieren, spürt es auch die Bedeutung, die es selbst für das verbliebene Elternteil plötzlich hat. Das heißt für uns: Hier müssen wir unbedingt die Kinder schützen. Selbst wenn sie sagen: »Es ist alles in Ordnung«, müssen wir wissen: Wenn sie das so formulieren, ist eben manchmal schon längst nichts mehr in Ordnung. Wir müssen uns fragen: Wer trägt eigentlich welche Verantwortung in der Familie? Wenn wir das Gefühl haben, es ist zu viel für uns selbst, dann müssen wir uns Hilfe bei anderen Erwachsenen holen. Denn die Verantwortung für das Wohl, auch das seelische Wohl unserer Kinder tragen ausschließlich wir. Wir können und dürfen sie nicht an unsere Kinder delegieren.

Im Gegenteil: Sie brauchen von uns den Rahmen, um sich selbst auszuprobieren, Erfolg zu genießen, zu scheitern und aufgefangen zu werden, ohne die Last der Erwachsenen auf ihren Schultern zu haben. Sie brauchen einen Raum, in dem sie sicher experimentieren können.

Dornröschen durfte chillen

Der Psychologe Stephan Grünewald vergleicht in seinem Bestseller »Wie tickt Deutschland?« das Chillen und Ausruhen der Jugendlichen mit dem Dornröschenschlaf. Das Märchen von Dornröschen erzählt von einem Kind, dem die geladenen zwölf Feen bei seiner Geburt gute Wünsche mit auf den Lebensweg geben: Tugend, Schönheit, Reichtum. Gute Wünsche, so stellt Grünewald fest, sind aber häufig mit hohem Erwartungsdruck verbunden. Ein Druck, der auch lähmen kann.

Im Märchen erscheint eine dreizehnte Fee. Sie war nicht eingeladen worden, weil es im Haus nur zwölf goldene Teller gibt. Keiner hatte die Möglichkeit in Betracht gezogen, dass auch ein silberner Teller ausreichen könnte. Alles hatte perfekt sein sollen und war damit festgelegt. Die dreizehnte Fee spricht daher einen Fluch aus:

»Die Königstochter soll sich in ihrem fünfzehnten Lebensjahr an einer Spindel stechen und tot umfallen.« Die zwölfte Fee, die ihren Wunsch noch nicht ausgesprochen hatte, wandelt den Fluch, tot umzufallen, in einen hundertjährigen Schlaf. Die ganze übrige Geschichte ist eine sich selbst erfüllende Prophezeiung: Die Eltern tun alles, damit der Fluch sich nicht erfüllt, verbannen alle Spindeln aus dem Schloss und behüten ihr Kind. Es hat keinen Spielraum, um sich zu entfalten – bis zu seinem fünfzehnten Geburtstag. Da ist Dornröschen allein im Schloss und macht sich auf den Weg, ihre Umgebung zu erkunden. Und natürlich kommt es, wie es prophezeit wurde: Sie entdeckt im Turm eine Fee mit einer Spindel, sticht sich daran und fällt in einen tiefen Schlaf. Grünewald interpretiert den Stich als »Stichprobe«, als ein Bild dafür, dass junge Menschen herausfinden müssen, was für sie bedeutsam und »stichhaltig« ist. Den hundertjährigen Schlaf als Symbol für das Chillen, das »Rumliegen und Wachsen«, deutet er nicht nur als Fluch, sondern als den »Versuch, diese beschneidende Festlegung und das damit verbundene Risiko erst einmal zu stoppen«[52]. Der Schlaf verschafft eine Auszeit, eine Möglichkeit, konsequenzlos zu träumen. Man kann sich den Erwartungen der Außenwelt entziehen und sich erst mal im Traum eigene Lebensentwürfe ausmalen. Was bedeutet das für die Eltern? Sie müssen nicht ständig als »Motivationstrainer« hinter ihren Kindern stehen. Sie können sie auch einfach mal lassen und sich selbst entspannen – Chill-Modus für die ganze Familie.

Verantwortung übernehmen

»Grundsätzlich finde ich schon, dass jeder Mensch, sobald er dazu in der Lage ist, irgendwie die Verantwortung hat, sich einzubringen. Aus staatsbürgerlichen Pflichten. Das ist meine persönliche Meinung«, sagt Jonas. Altersgemäß Verantwortung zu übernehmen, das ist ein Thema, mit dem er aufgewachsen ist. Als Kind hat er gelernt, Verantwortung zu übernehmen, wenn er etwas kaputtgemacht hatte. Als Jugendlicher ist er zur Freiwilligen Feuerwehr gegangen, weil er es wichtig fand, dass man Menschen in Not helfen kann. Mit siebzehn lernte er Fridays for Future kennen. Vom Thema »Klimaschutz« hat er sich persönlich angesprochen gefühlt. Er hat sich entschieden, dass er seinen Beitrag zur Verbesserung des Weltklimas leisten möchte. Dafür fühlt er sich zuständig. Aber es ist auch klar: Allein geht es nicht. Es kann auch nicht heißen: entweder ihr oder wir, sondern es geht nur gemeinsam. Er ist positiv überrascht, dass der Jugend das von manchen Seiten zugetraut wird. »Auf der anderen Seite ist da auch so ein kleines bisschen Empörung darüber, dass wir sagen: ›Es muss was getan werden‹ und dann kommt zurück: ›Ja, macht mal.‹« Da fühle man sich ein wenig hintergangen, sagt er. Auf der anderen Seite gibt es Menschen, die ihnen jegliche Kompetenz absprechen. Im Gespräch fragt Jonas: »Ich weiß nicht, ob Sie den Satz von Herrn Lindner kennen: ›Hört auf die Experten!‹ Man hat uns keine Kompetenz zugesprochen in diesem Bereich, auch aufgrund unseres Alters.«

Die siebzehnjährige Lisa findet es sehr enttäuschend, dass die Erwachsenen, auch die der Elterngeneration, sich nicht ausreichend um das Thema Klimaschutz gekümmert haben. Es fühle sich »berechtigt an, in dem Fall den Politikern, den Erwachsenen der älteren Generation vorzuwerfen, dass sie nicht früh genug gehandelt haben«. Einerseits ist sie erstaunt, dass Jugendliche einen solchen Einfluss auf die Politik haben, dass Politiker ihr Wahlprogramm ändern oder zumindest ihre Schwerpunkte, »da wir erstens noch nicht wählen können und zweitens die Politik doch eher von älteren Menschen dominiert wird«. Sie ist erstaunt, »dass das bewirkt werden kann von Jugendlichen«. Andererseits spürt sie die Überforderung und die Verzweiflung, wenn sie sieht, dass politische Entscheidungen getroffen werden, die das Klimaziel unmöglich machen, indem etwa die Landwirtschaft Subventionen bekommt, die in besonderer Weise für Emissionen verantwortlich ist. Es fühle sich einerseits erst mal gut an. »Nicht wirklich mächtig, aber sich bewusst zu machen, dass man Einfluss hat, stärkt irgendwie auch das

Selbstbewusstsein. Somit fühle ich mich in dem Moment, in dem ich mich entscheide, meinen Eltern so was zu sagen, selbstbewusst und zumindest moralisch gestärkt, weil ich weiß, dass ich das Richtige tue.« Andererseits ist sie im ersten Moment »vielleicht auch irgendwie unsicher, was zu sagen«.

Hier wird deutlich, in welchem Zwiespalt Kinder und Jugendliche manchmal stecken. Sie erhalten Doppelbotschaften. Einerseits sagt man ihnen: »Übernehmt Verantwortung, macht etwas.« Und im nächsten Moment: »Ihr seid ja noch zu klein, überlasst das lieber uns.« Genau das erleben manche Kinder, die zu Hause zu viel Verantwortung tragen müssen. Sie werden in einem Moment in schwierige Familienfragen mit einbezogen, ganz auf der Erwachsenenebene, im nächsten Moment werden sie wieder wie Kinder behandelt und bekommen Ansagen wie: »Räum dein Zimmer auf, um acht bist du zu Hause, mach dein Handy aus.«

Verantwortung in der Politik lässt sich unter anderem am Wahlrecht festmachen. Und auch da zeigt sich ein Widerspruch: Jugendliche sollen es richten, aber die offiziellen Mittel, etwa die Wahlberechtigung, fehlen ihnen. Menschen wie Jonas oder Lisa, die sich politisch interessieren, sich informieren und engagieren, durften bislang nicht wählen, andere, die viel weniger bis kein Wissen über politische Zusammenhänge haben, dürfen es. Jonas selbst sagt: »Ich fand es schrecklich, da nicht mitbestimmen zu können.«

Je älter die Kinder werden, desto mehr können sie allein, desto mehr Verantwortung können sie übernehmen. Schritt für Schritt, jeden Tag. Die Art, wie manche Kinder und Jugendlichen sich verantwortlich für die politische Entwicklung fühlen, sich engagieren, auf Missstände hinweisen, sich informieren, aufrütteln und Vorschläge machen, wie es anders gehen kann, ist ein Bild dafür, wie sie sich im privaten Bereich entwickeln und auch dort Verantwortung übernehmen können. Wichtig zu betonen: für ihr eigenes Leben. Für das Leben der Eltern und deren Wohl können sie niemals die Verantwortung übernehmen. Das können die nur selbst tun.

Sich Unterstützung holen

Keiner muss alles allein schaffen

In die Beratung kommen manchmal Menschen, die zu Hause, in der Nachbarschaft, bei Freunden nicht erzählen, dass sie die Elterngruppe besuchen. »Wir fahren zum Arzt«, sagen sie den Nachbarn, wenn sie fragen, und ihren Kindern auch. Manche haben das Gefühl: Wir sind die Einzigen, bei denen es nicht so läuft. Andere haben keine Probleme. Deshalb darf niemand wissen, dass wir welche haben.

In der Gruppe spüren sie dann häufig erst mal große Erleichterung, weil sie sehen: Hier sitzen ja noch mehr Leute, die um Rat fragen, bei denen es nicht so rundläuft, wie man meinen könnte, wenn man von außen nur die frisch gebügelten Gardinen am Fenster sieht.

Der Große Erziehungs-Bluff

Denken Sie an den »Großen Uni-Bluff«. Wahrscheinlich gibt es auch den »Großen Erziehungs-Bluff«: Alle denken, bei den anderen läuft es gut, nur ich habe Probleme. So ist es aber nicht. Probleme sind das Normalste der Welt. Auch Probleme in der Erziehung.

Es geht nicht darum, keine Probleme zu haben. Es geht darum, gut damit umzugehen, sich gerne Hilfe zu holen. Manche Leute unterlassen das, weil sie, wenn sie länger darüber nachdenken, zu dem Schluss kommen: Es ist ja doch nicht so schlimm bei mir. Das kommt auch in der Elterngruppe vor. Wenn Eltern die Probleme anderer hören, dann setzt der gegenteilige Effekt von »bei allen anderen läuft es glatt« ein. Jetzt entsteht der Eindruck: »Bei anderen ist es ja noch schlimmer. Ich brauche doch keine Hilfe.« Das ist häufig der Fall, wenn Eltern spüren: Um Hilfe zu bekommen, muss ich bereit sein, mich selbst anzuschauen, in meiner Art zu sein, in meiner Traurigkeit, meinen Unzulänglichkeiten, meinen Fehlern, mit meiner Geschichte. Manche ziehen sich an dieser Stelle zurück.

Auf die Frage: »Ab wann sollte man sich professionelle Hilfe holen?«, antworte ich meist: »Lieber zu früh als zu spät.« Wenn Sie tatsächlich in eine Beratungsstelle gehen, dort ihr Problem vortragen und die Beraterin oder der Berater versichert Ihnen: »Das ist alles ganz normal, dass Ihr Kind rebelliert und sein Zimmer nicht aufräumen möchte, machen Sie sich keine Sorgen«, und Sie gehen dann erleichtert wieder nach Hause, ist es auch gut. Manchmal braucht man tatsächlich einfach nur eine Bestätigung, dass es normal ist, wenn kleine Kinder schon mal beißen oder größere unpünktlich sind oder Chaos in ihrem Zimmer veranstalten.

Buschbohnen – Bohnenstangen

Familiengefüge haben sich im Lauf der Zeit verändert. Vor allem die Anzahl der Menschen, die zusammenleben. Früher waren das häufig drei Generationen in einem Haus. Dafür hatte man Geschwister, Onkel, Tanten, Nichten, Neffen in der Nähe. Heute sind es manchmal vier Generationen, aber es gibt wenige Geschwister, Onkel und Tanten. Früher waren die Familien sozusagen kürzer, aber weitverzweigt, eben »buschig«. Heute sind sie »schmal« und »lang«. Das Bild von den Buschbohnen bzw. Bohnenstangen für die Veränderung der Familien im Lauf der Zeit hat die ehemalige Familienministerin Ursula Lehr vor einiger Zeit in einer WDR3-Radiosendung erläutert.

Wieso sollte man als Mutter oder Vater die alleinseligmachende Person für sein Kind sein? »Um ein Kind zu erziehen, braucht es ein ganzes Dorf«, sagt ein afrikanisches Sprichwort. Wenn mehr Menschen auf ein Kind schauen, sich für es verantwortlich fühlen, entlastet das die Eltern – und auch das Kind. Für die Entwicklung des Kindes ist es gut, wenn es mehrere Weisen, mit der Welt umzugehen, kennenlernt. Wenn es zum Beispiel versteht: Man kann ein Problem so wie Papa lösen, so wie Mama auf die Welt sehen, wie Tante Else im Wasser toben und wie Onkel Heinz Kuchen backen. Keiner macht es besser oder schlechter, nur anders und vielfältiger.

Ich suche mir bei jedem Menschen, den ich in meinem Umfeld habe, das heraus, was am besten zu mir passt.

Für die Eltern ist es gut zu wissen: Ich muss nicht alles richten, nicht alles können, nicht alles wissen. Andere bieten den Kindern andere Facetten des Lebens an. Das entlastet mich, korrigiert mich vielleicht auch an manchen Stellen und bedeutet einen Reichtum an Sichtweisen für meine Kinder.

Luft reinlassen

Um meinem Kind zu ermöglichen, dass es viele verschiedene Arten zu leben kennenlernt, ist es wichtig, schon möglichst früh die Tür aufzumachen für andere Erwachsene – Freunde, Tanten, Onkel, Großeltern, Paten – und offen zu sein für sie, sich zu freuen, wenn die Kinder Kontakte zu anderen entwickeln. Es gibt keine Garantie, dass das auch so kommt, denn Kinder suchen sich ihre Lieblingsmenschen selbst aus. Wir können aber dabei helfen, indem wir es vor allem zulassen und uns mitfreuen, wenn es gelingt.

Meine Kinder hatten unsere Nachbarn, zu denen sie über die Mauer klettern konnten, bei denen es Lakritz und Süßes gab und man im Schlamm wühlen konnte. Bei Elisabeth und Karl-Otto war es wie auf einem Abenteuerspielplatz. Wir haben nicht immer erlaubt, dass sie zu ihnen gingen. Sie sollten zum Beispiel die Mittagsruhe respektieren und nicht zu häufig drüben sein. Das wussten sie und hebelten es aus, indem sie auf die Mauer kletterten und Elisabeth, wenn wir nicht hinschauten, lautlos und in ihrer eigenen Zeichensprache fragten, ob sie kommen dürften. Sie durften fast immer, und wenn wir uns fragten, wo sie waren, war die Antwort: wahrscheinlich drüben.

Die Kinder hatten auch meine Freundin Stefanie, von der erzählt wurde: »Zum Frühstück gibt es Chips und Cola.« Klar war daher für meine Kinder: »Lieber mit Tante Teffani ins Phantasialand, Zuckerwatte essen und Limonade trinken, als mit Mama die Hausaufgaben machen.« So hatte ich einen freien Tag und musste nicht ins Phantasialand fahren, und am nächsten Tag kamen zwei glückliche Kinder zurück, durchgeschüttelt von Wasserrutschen und Geisterbahnen, und erzählten von ihren Abenteuern, die sie uns voraushatten.

Für uns Eltern ist es wichtig zu wissen: Tante Teffani oder Onkel Klaus oder die Nachbarin nimmt mir als Mutter oder Vater nichts weg. Auch nicht, wenn sie ausschließlich schöne Sachen mit den Kindern unternehmen. Sie sind eine wunderbare Ergänzung, Entlastung, Bereicherung. Wir bleiben immer Eltern und wichtig für unsere Kinder.

Als unsere Kinder klein waren, war Luzi unsere erste Babysitterin und die Kinder mochten sie sehr. Für uns bedeutete ihre Existenz, dass wir abends ausgehen konnten und die Kinder in guten Händen wussten. Natürlich war Luzi auch noch am nächsten Tag Thema bei den Kindern. Sie erzählten sich, was sie mit ihr gespielt hatten, und fragten, wann sie wiederkommt. Einmal fuhren wir nachmittags zusammen im Auto zum Trommelunterricht. Die Kinder saßen hinten und unterhielten sich. Meine Tochter sagte: »Den Papa hab ich ja am liebsten.« Darauf eine kurze Pause. Dann folgte der Satz: »Und dann kommt die Luzi.« Längere Pause. Irgendwann – für mich fühlte es sich an wie eine Ewigkeit –: »Die Mama hab ich auch ein bisschen lieb.« Das saß. Ich sagte nichts und spürte, dass ich jetzt ganz stark sein musste. Ich beruhigte mich: Alles ist gut. Morgen ist es wieder anders. Und wenn nicht morgen, dann übermorgen. Du als Mutter bist nicht in Gefahr. Die Liebe zu dir ebenso wenig. Und: Gut, dass es den Papa und die Luzi gibt!

Später kamen dann noch andere sensationelle Babysitter, Judith zum Beispiel. Zu ihr haben die Kinder heute immer noch Kontakt. Und Tante Teffani blieb ein fester Bestandteil ihres Lebens. Sie ist ein Segen für die inzwischen großen Kinder und für uns. Ein wichtiger Mensch, unverzichtbar und immer da. In all den Jahren hat sie die Kinder immer wieder begleitet. Sie hat sie bei beruflichen Fragen unterstützt, ihnen bei Wohnungslosigkeit in Berlin einen Zufluchtsort angeboten, bei Liebeskummer ihre Seele getröstet.

Beschäftigen Sie sich aktiv mit der Frage: Welche Menschen gehören zu unserem Leben? Wer ist in der Peripherie da? Wen möchte ich, wen möchten wir dabeihaben? Wie kann ich ihn einbinden? Und gleichzeitig: Wo kann mein Kind auch mal hin und schauen, wie Leben geht, Kontakte knüpfen, Freundschaften aufbauen, vielleicht mit anderen in den Urlaub oder zu einer Jugendfreizeit fahren? Es ist gut und wichtig, wenn nicht alles von uns Eltern kommt. Erziehen ist auch »Luft reinlassen« in die Familie.

Die Bereitschaft zur Selbstreflexion

Was notwendig ist, damit man sich Hilfe holen kann, ist die Bereitschaft, sich selbst zu reflektieren. Also nicht nur auf das zu schauen, von dem man denkt, dass es gut läuft, sondern genauso auf das, was wir vielleicht nicht so gut machen. Es braucht die Bereitschaft, zu sehen, dass auffälliges Verhalten bei den Kindern auch damit zu tun haben könnte, dass wir sie überfordern oder einschränken.

Es ist leichter zu sehen, was wir selbst damit zu tun haben, dass die Kinder auffällig sind, wenn wir weder sie noch uns selbst deshalb verteufeln. Wenn unsere Kinder schwierig werden oder in Schwierigkeiten geraten, sind wir deshalb keine Versager und tragen auch nicht zwingend die Schuld dafür. Was wir tragen, ist die Verantwortung, hinzuschauen und ihnen zu helfen. Manchmal besteht die beste Hilfe darin, Hilfe zu holen. Im Extremfall ist es das Beste für mein Kind, wenn es kurzzeitig in andere Hände kommt, als in meinen zu bleiben.

Die Bereitschaft, sich von anderen in die Karten schauen zu lassen

Wenn ich selbst sehe, dass etwas schwierig ist, habe ich schon mal etwas Wichtiges getan. Nämlich hingeschaut und nicht weggeschaut, was vielleicht für manche Eltern die erste Reaktion auf unlösbar scheinende Probleme ist. Jetzt kommt der nächste Schritt: Hilfe holen. Vorzeigen, was ist. Das ist nicht einfach. Aber wichtig. Für die Kinder und immer auch für uns selbst.

Wenn Freunde, Bekannte, Verwandte, vielleicht auch Lehrerinnen oder Lehrer da sind, denen wir vertrauen können, sind sie unsere erste Adresse. Um sich öffnen zu können, braucht man Vertrauen. Das heißt: Es kann sein, dass Sie mit Freunden über Ihre Sorgen sprechen, und die erzählen es direkt am nächsten Tag der gesamten Nachbarschaft. Das ist einem in der Regel – verständlicherweise – nicht so recht. Es kann auch sein, dass Sie in eine Beratungsstelle kommen und Sie haben das Gefühl, mit der Beraterin oder dem Berater geht es nicht. Irgendwie stimmt die Chemie nicht. Vielleicht fühlen Sie sich unverstanden oder Sie verstehen diese Person nicht und kommen zu dem Schluss: Dieser Mensch kann mir nicht helfen. Das kann passieren und ist absolut menschlich und in Ordnung. Dann ist es wichtig, weiter zu schauen, gut auszuwählen. Vielleicht ist es eine andere Beraterin oder ein anderer Freund, der in diesem Moment hilfreich sein kann.

Die richtige Richtung

Die Entscheidung, nicht mit dem Problem allein zu bleiben, ist der wichtigste Schritt. Auch wenn nicht sofort eine Lösung möglich sein wird, so gibt es schnell Entlastung: Das Problem wird, indem wir es vor Menschen, die uns wohlgesinnt sind, aussprechen, auf mehrere Schultern verteilt. Man ist einfach erst mal nicht mehr allein damit. Andere machen sich mit Gedanken. Sie rücken vielleicht etwas gerade und helfen einem, die Sache aus einem anderen Blickwinkel zu betrachten.

Wenn sich herausstellt, dass es gut ist, eine neutrale Person, vielleicht auch einen Profi mit dazuzunehmen, gibt es zwei Möglichkeiten:

- Erziehungsberatung: Als erste Anlaufstelle ist sie kostenfrei und natürlich auch anonym. Es gibt sie, getragen von Städten, Kreisen, Kirchen, ziemlich flächendeckend. Hier wird man in der Regel einer Beraterin oder einem Berater zugeteilt und erhält relativ zeitnah einen Termin. Wichtig ist, nach einem ersten Treffen für sich zu entscheiden: Kann ich mit dieser Person oder möchte ich gern noch einmal wechseln?
- Elterncoaching/Therapie: Was brauchen wir, um unsere Kinder zu erziehen, um dafür zu sorgen, dass wir sie nicht mit unseren

Sorgen belasten, sie nicht als Partnerersatz an unsere Seite holen, sie nicht in Verantwortungen einbinden, die sie überfordern? Was brauchen wir, um selbst die Verantwortung zu übernehmen und sie tragen zu können? Das sind die Kernfragen, die wir klären müssen. Und das können wir tatsächlich lernen, indem wir bewusst auf uns, unsere Haltung, unsere Absichten in der Erziehung schauen. Vielleicht mithilfe einer Therapeutin oder eines Therapeuten oder im Rahmen einer Elterngruppe, die z. B. auch in Kinderschutzzentren angeboten wird. »Kind im Blick« oder »Starke Eltern – starke Kinder«. Auf jeden Fall liegt es in unserer Hand, etwas zu tun. Und das ist eigentlich eine geniale Einsicht, denn: Wir können andere Menschen nicht ändern, auch nicht unsere Kinder, aber wenn wir uns selbst anders aufstellen oder unseren Blick erweitern, verändert sich etwas im Umgang miteinander.

Wofür auch immer Sie sich entscheiden, meine Erfahrung ist: Wenn wir uns auf den Weg machen, die Verantwortung zu übernehmen, hat schon das einen positiven Effekt auf uns selbst. Wir fühlen uns als aktive GestalterInnen, wir sind nicht einer unabänderlichen Situation ausgeliefert. Wir können etwas tun. Das werden auch die Kinder spüren. Und: Auch sie wird es entlasten. Viel Spaß bei der Selbsterforschung und bei der verantwortungsvollen Erziehung Ihrer Kinder!

Vielen Dank!

… an alle Menschen, die mir ihre Geschichten anvertraut haben und die ich in meiner Praxis begleiten durfte. Sie haben mich zu den Beispielen im Buch inspiriert.

…. an die Interviewpartnerinnen und -partner, die mir ohne zu zögern ihre Zeit geschenkt, mitgedacht und meine Fragen offen beantwortet haben.

… an alle Kolleginnen und Kollegen, die mit mir über Fragen diskutiert und mich angeregt haben, ganz besonders Katharina und Stephan Grünewald und meine Märchengruppe.

… an meine Familie, Jana, Luca und Heiner fürs Zuhören, Erstlesen, Lachen, Kritisieren, Inspirieren, Abhauen und Wiederkommen.

… an meine Lektorin Heike Hermann, die so konstruktiv und mit offenen Ohren mein Thema aufgenommen hat.

… an Marlene Fritsch, die feinfühlig und unterstützend gelesen, korrigiert und Alternativen vorgeschlagen hat.

… an Christiane Neuen, die eingesprungen ist und abgesichert hat.

… und an alle Patmos-Mitarbeiterinnen und -mitarbeiter.

Anhang

Anmerkungen

1 taz, 30.09.2019
2 taz, 17./18.8.2019
3 Kölner Stadt-Anzeiger, 18.9.2020
4 Donald Woods Winnicott: Familie und individuelle Entwicklung, S. 116
5 Bruce Springsteen: Born to run, S. 51
6 Schmauch, Ulrike, in: Sozial Extra, 01.01.2002
7 Birgit Langebartels: Leben im Leerlauf, S. 62
8 Ebd., S. 70
9 Donald W. Winnicott: Familie und individuelle Entwicklung, S. 127
10 Schmauch, Ulrike, in: Sozial Extra 1/2002, S. 40
11 Birgit Langebartels: Leben im Leerlauf, S. 68
12 Bruce Springsteen: Born to run, S. 49
13 Irvin Yalom: In die Sonne schauen, S. 12
14 Elisabeth Raffauf: Mein Kind macht, was es will, S. 26
15 Ebd.
16 Jesper Juul: Leitwölfe sein, S. 195
17 Generationenbarometer 2009, https://www.bmfsfj.de/bmfsfj/aktuelles/alle-meldungen/generationenbarometer-2009-familie-ist-vital-und-attraktiv-74378
18 Irvin D. Yalom: In die Sonne schauen, S. 32
19 Jesper Juul: Leitwölfe sein, S. 196
20 Hape Kerkeling: Der Junge muss an die frische Luft, S. 311
21 Birgit Langebartels: Leben im Leerlauf, S. 65
22 Kölner Stadt-Anzeiger, 8.9.2021
23 aktion-mensch.de, Jugendliche heute
24 Jan-Uwe Rogge: Kinder brauchen Grenzen, S. 42
25 Hurrelmann, Klaus, in: Pädagogik 46 (1994), 7/8, S. 13
26 In: Ruppert Schneewind, Familien gestern und heute, S. 124
27 Was ist Erziehung?, in: Juraforum, 8.7.2020
28 Interview im Kölner Stadt-Anzeiger vom 13.04.2021
29 Birgit Langebartels: Leben im Leerlauf, S. 79
30 Szenen aus dem Herzen, S. 17
31 Ebd., S. 49

32 Ebd., S. 36
33 Ebd., S. 36
34 Ebd., S. 42
35 Ebd., S. 74
36 Ebd., S. 78
37 Ebd., S. 78
38 Ebd., S. 37
39 Hape Kerkeling: Der Junge muss an die frische Luft, S. 149
40 Horst Eberhard Richter: Eltern, Kind, Neurose, S. 92
41 Lügen gehört dazu, in: Der Spiegel Nr. 28, 4.7.2020
42 Katharina Grünewald: Herzzeit, S. 10f.
43 Michael Schulte-Markwort: Burnout-Kids, S. 267
44 Der Spiegel 28, 4.7.2020
45 Birgit Langebartels: Leben im Leerlauf, S. 70
46 Bruce Springsteen: Born to run, S. 59
47 Elisabeth Raffauf: Das Mädchenbuch, S. 178
48 Ebd., S. 172
49 Jesper Juul: Leitwölfe sein, S. 35f.
50 Bertrand Russell: Warum ich kein Christ bin, S. 15
51 Khalil Gibran: Der Prophet, S. 20
52 Stephan Grünewald: Wie tickt Deutschland, S. 237

Literatur

Albert, Attila: Perfektionismus ist ein Arschloch – Gut genug ist meist am besten, München 2021

Baur, Dominik: Zu eitel für die Lederhose. Der Artikel zitiert Barack Obama über Greta Thunbergs Engagement auf einer Wirtschaftsmesse in München, in: taz, 30.09.2019

Bleisch, Barbara/Büchler, Andrea: Kinder wollen, München 2020

Engfer, Anette, in: Schneewind, Klaus, Ruppert, Stefan: Familien gestern und heute: ein Generationenvergleich über 16 Jahre, München 1995, S. 124 f.

Frank, Joachim: Ist der Flug nach Mallorca notwendig?, in: Kölner Stadt-Anzeiger, 08.09.2021

Gibran, Khalil: Der Prophet, Düsseldorf 2003

Grünewald, Katharina: Herzzeit, Köln 2019

Grünewald, Stephan: Wie tickt Deutschland?, Köln 2019

Hurrelmann, Klaus: Mut zur demokratischen Erziehung, in: Pädagogik 46 (1994) 7/8, S. 13

Juul, Jesper: Leitwölfe sein – liebevolle Führung in der Familie, Weinheim, 10. Auflage 2019

Kerkeling, Hape: Der Junge muss an die frische Luft, München, 11. Auflage 2020

Langebartels, Birgit: Leben im Leerlauf – Die verborgene Logik der Depression verstehen, Weinheim, Basel 2019

Müller, Max: Interview mit Attila Albert: »Wer ständig perfekt sein will, wird nur umständlicher«, in Kölner Stadt-Anzeiger, 13.04.2021

Raffauf, Elisabeth: Das Mädchenbuch, Weinheim, Basel 2013

Raffauf, Elisabeth: Die tun nicht Nichts – Die liegen da und wachsen, Ostfildern, 4. Auflage 2020

Raffauf, Elisabeth: Mein Kind macht, was es will, Augsburg 1998

Rattenhuber, Edeltraud: Eltern stehen unter einem ungeheuren Druck, Interview mit der Psychologin Birgit Langebartels, Süddeutsche Zeitung, 23.11.2020

Richter, Horst-Eberhard: Eltern, Kind, Neurose, Reinbek 1997

Rogge, Jan-Uwe: Kinder brauchen Grenzen, Reinbek 1995

Russell, Bertrand: Warum ich kein Christ bin, Berlin 2017

Schmauch, Ulrike: Eltern erlauben alles, aber sie schnallen nix, in: Sozial Extra, 01.01.2002

Schulte-Markwort, Michael: Burn out kids, München 2015

Sommersberg, Angela: Kinder verklagen 33 europäische Länder, Kölner Stadt-Anzeiger, 18.09.2020

Springsteen, Bruce: Born to run, München, 2. Auflage 2016

Thimm, Katja: Lügen gehört dazu, Interview mit Philippa Perry, in: Der Spiegel Nr. 28, 04.07.2020

Thunberg, Greta und Swante/Ernmann, Beata und Malena: Szenen aus dem Herzen – Unser Leben für das Klima, Frankfurt, 5. Auflage 2019

Unfried, Peter: Feinde oder Verbündete, taz, 17./18.08.2019

Winnicott, Donald Woods: Familie und individuelle Entwicklung, Frankfurt 1984

Yalom, Irvin: In die Sonne schauen: Wie man die Angst vor dem Tod überwindet, München 2008

Links

aktion-mensch.de, Jugendliche heute
https://www.aktion-mensch.de/dafuer-stehen-wir/jugend-heute (Abgerufen am 6.2.2022)

Frick, Jürg: Juraforum: Was ist Erziehung? Definition, Erziehungsziele und Beispiele in der Pädagogik, Rechtsphilosophie, 8.7.2020
https://www.juraforum.de/lexikon/erziehung (Abgerufen am 6.2.2022)

Generationenbarometer 2009, Forum Familie stark machen https://www.bmfsfj.de/bmfsfj/aktuelles/alle-meldungen/generationenbarometer-2009-familie-ist-vital-und-attraktiv-74378 (Abgerufen am 6.2.2022)

Grünewald, Stephan: Die geschwänzte Revolte https://stephangruenewald.de/files/data/lesen/Lesen-PDFs/KStA_5–2019_geschwaenzte-Revolte.pdf (Abgerufen am 5.2.2022)

Klicksafe
https://www.klicksafe.de/ (Abgerufen am 6.2.2022)

Kriebs, Simone: podcast mit Andreas Reinke
https://www.youtube.com/watch?v=dkcJXzspfhs (Abgerufen am 6.2.2022)
Liebenwein, Sylva: Erziehungsziele und -stile im Wandel
https://www.phil-fak.uni-duesseldorf.de/fileadmin/Redaktion/Institute/Sozialwissenschaften/BF/Lehre/SoSe2011/HK_Aktuelle_Brennpunkte_der_Bildungspolitik/PPT_Erziehungsziele_und_-stile_im_Wandel.pdf (Abgerufen am 6.2.2022)

Große forsa-Studie der Zeitschrift ELTERN: »Eltern heute – immer mehr unter Druck?«
https://www.guj.de/news/neuigkeiten/grosse-forsa-studie-der-zeitschrift-eltern-eltern-heute-immer-mehr-unter-druck/ (Abgerufen am 6.2.2022)

Statista 2022: Welche der folgenden Erziehungsziele halten Sie als Eltern für wichtig?
https://de.statista.com/statistik/daten/studie/39028/umfrage/wichtige-erziehungsziele-fuer-eltern/#professional (Abgerufen am 6.2.2022)